MacOS Sonoma

PREMIERS PAS AVEC MACOS 14 POUR LES MACBOOKS ET LES IMACS

Scott La Counte

RIDICULOUSLY
SIMPLE BOOKS

ANAHEIM, CALIFORNIE

www.RidiculouslySimpleBooks.com

Table des matières

Clause de non-responsabilité : *Bien que tous les efforts aient été faits pour garantir l'exactitude des informations, ce livre n'est pas approuvé par Apple, Inc. et doit être considéré comme non officiel.*

INTRODUCTION

Plongez dans macOS Sonoma !

macOS Sonoma s'apprête à transformer votre Mac en un appareil plus intelligent et plus puissant que jamais. Mais comment exploiter cette puissance ?

Pour ceux qui font partie de l'écosystème d'Apple, il est évident que macOS, iPadOS et iOS sont de plus en plus harmonisés, ce qui rend la courbe d'apprentissage de chaque système d'exploitation beaucoup plus conviviale.

Ce guide est votre clé pour débloquer les fonctionnalités les plus robustes de macOS Sonoma, en se concentrant sur ce qui compte vraiment pour les utilisateurs et en garantissant une installation rapide et efficace. À l'intérieur, vous découvrirez :

- **Nouveautés de macOS Sonoma**
- **Comment faire toutes ces "choses" Windows sur un Mac ?**
- **Utilisation des widgets**
- **Régisseur**
- **Utiliser Siri**
- **Configuration de l'Internet et du courrier électronique**
- **Utilisation du centre de contrôle**
- **Téléchargement / Mise à jour d'applications**
- **Organiser les photos**
- **Utilisation de Safari, des groupes d'onglets et des profils**
- **Utilisation du mode jeu**
- **Protéger votre vie privée**
- **Gestion des mots de passe**
- **Envoyer, répondre et épingler des messages**
- **Multitâches**
- **Et bien d'autres choses encore !**

Êtes-vous prêt à découvrir tout ce que le nouveau macOS a à offrir ? Que l'aventure commence !

Note : Ce livre n'est pas approuvé par Apple, Inc. et doit être considéré comme non officiel.

[1]

COMPRENDRE MAC

Avant d'aborder le logiciel proprement dit, posons une question évidente : pourquoi choisir Mac ?

J'ai longtemps été dans le camp de Windows pendant longtemps ; je voyais le Mac et je pensais que c'était juste un ordinateur pour les hipsters. Bien sûr, ils étaient agréables à regarder - ils brillaient et n'avaient pas l'air d'être en plastique et bon marché... mais ils étaient aussi chers.

Mais j'en ai utilisé un et j'ai été époustouflé. Voici pourquoi...

MOINS DE VIRUS

Vous avez probablement entendu quelqu'un dire qu'il utilisait un Mac parce qu'il ne recevait pas de virus. Ce n'est pas vrai. N'importe quel ordinateur peut être infecté par un virus. Mais il est vrai que les Mac sont généralement moins exposés aux virus et plus sûrs.

La raison pour laquelle vous n'entendez pas souvent parler des virus Mac est double :

1. Bien qu'il soit difficile de déterminer le nombre d'ordinateurs dans le monde, la plupart d'entre eux sont encore sous Windows.. Par conséquent, si vous êtes un pirate informatique désireux de semer la pagaille dans le cyberespace, votre cible évidente est celle qui a le plus grand nombre d'utilisateurs.
2. La deuxième raison est que MacOS est conçu par Apple, pour Apple. Windows conçoit son système d'exploitation de manière à ce qu'il puisse s'adapter à n'importe quel ordinateur, ce qui ouvre la porte aux vulnérabilités.

Je connais beaucoup d'utilisateurs de Mac et j'entends rarement quelqu'un dire qu'il a un virus. Si vous êtes inquiet, cependant, un protecteur de virus gratuit et populaire est appelé Bitdefender Virus Scanner (http://www.bitdefender.com/).

GARDER LA SIMPLICITÉ

En matière de design, Apple aime créer des objets beaux et simples. Cette philosophie se retrouve dans ses montres, ses iPhones et ses iPads, dans tous ses produits.

Parce qu'Apple consacre tant de temps à la simplicité, vous avez également assisté aux derniers jours des pannes d'ordinateur et des écrans bleus de la mort.

Apple consacre beaucoup de temps à réfléchir non seulement à ce que l'ordinateur doit faire, mais aussi à la manière dont les utilisateurs le feront. Si vous avez toujours utilisé Windows toute votre vie, les différents menus et boutons peuvent vous sembler intimidants au début, mais ne vous inquiétez pas ! Ce livre vous montrera à quel point c'est plus facile.

Si vous possédez d'autres produits Apple, la plupart des tâches courantes liées au Mac vous sembleront probablement très similaires. De plus, si vous possédez un iPhone, un iPad ou même une Apple TVils fonctionnent et interagissent tous les uns avec les autres.

PAS DE BALLONNEMENT

Je me souviens de mon dernier ordinateur Windows Windows. J'avais hâte de l'allumer... et ensuite j'avais hâte de l'éteindre ! Vous devriez passer la première heure à l'explorer en vous amusant, mais moi, j'ai passé ma première heure à désinstaller des programmes !

L'une des raisons pour lesquelles les ordinateurs Windows sont moins chers, c'est que les fabricants s'associent à des éditeurs de logiciels et installent toutes sortes de programmes inutiles, dont la plupart ne sont que des versions d'essai gratuites.

Avec Mac, vous allumez votre ordinateur pour la première fois, vous créez un identifiant si vous n'en avez pas déjà un, vous insérez votre carte Wi-Fiet vous connectez à iTunes / iCloud. C'est tout. La mise en route de votre ordinateur devrait prendre moins de dix minutes une fois que vous l'aurez sorti de sa boîte.

QU'EN EST-IL DE M ?

Apple a annoncé qu'elle allait commencer à fabriquer sa propre puce appelée Silicon. En novembre 2020, la puce a été dévoilée et a reçu un nom officiel : M1.

Génial, hein ! Sautez de haut en bas ! Faites la fête comme si vous étiez en 1999 ! Ou, si vous êtes comme la plupart des gens, haussez les épaules et dites : "C'est quoi le problème ?"

C'est une puce rapide, mais qui s'en soucie ?

En apparence, l'ordinateur n'est pas différent des Macs sans M1. Mais c'est l'intérieur qui compte : le matériel.

Oui, il est rapide, vraiment rapide ! Il ouvre les choses plusieurs fois plus vite que n'importe quel autre Mac. Cela signifie que si vous ouvrez un logiciel gourmand en mémoire, vous remarquerez à peine le délai entre le moment où vous tapez pour l'ouvrir et celui où il s'ouvre réellement. Vous êtes patient et cela n'a pas d'importance ? Eh bien, cela améliore également l'autonomie de la batterie. Vous pourrez probablement passer une journée entière avec une seule charge.

C'est très bien, mais c'est là que les choses deviennent vraiment intéressantes : il est fabriqué par Apple.

Avant le M1, les puces Apple étaient fabriquées par d'autres fabricants. C'est un peu comme avoir le cœur de quelqu'un d'autre à l'intérieur de soi. Oui, ça marche, et bien sûr, ça vous maintient en vie. Mais il n'y a rien de mieux que d'avoir son propre cœur. M1 signifie que presque tout dans cet ordinateur est fabriqué par Apple, pour Apple. Cela le rend plus efficace et réduit les risques d'erreur. En bref, cela signifie qu'il sera plus performant.

L'un des principaux avantages d'une puce fabriquée par Apple pour Apple est qu'elle peut exécuter en mode natif des applications provenant d'autres appareils. Cela signifie que vous pourrez aller sur le Mac App Store et installer des applications iOS directement dans macOS.

En 2022, Apple a lancé la puce M2, qui est plusieurs fois plus rapide. Cette puce sera probablement mise à jour chaque année.

COMPARAISON DES OPTIONS

Tout comme les autres appareils Apple, tels que l'Apple Watch et l'iPhone, les Macs sont disponibles dans toutes sortes de formes et de tailles. Même si vous êtes décidé à acheter un ordinateur portable, vous avez l'embarras du choix. Voyons ce qu'il en est pour chacun d'entre eux.

Macbook vs Macbook

La gamme MacBook d'Apple est variée et dynamique. Jetons un coup d'œil au MacBook Air, au MacBook Pro 13 pouces, au MacBook Pro 14 pouces et au MacBook Pro 16 pouces, afin de connaître la grande différence entre eux.

Affichage

L'écran est un élément essentiel de l'expérience utilisateur. Le MacBook Air est doté d'un écran Liquid Retina de 13,6 pouces, tandis que le MacBook Pro 13 pouces est légèrement plus petit avec un écran Retina de 13,3 pouces. Les MacBook Pro 14 et 16 pouces sont dotés d'un écran Liquid Retina XDR de 14,2 et 16,2 pouces respectivement, ce qui signifie que les couleurs et les images seront plus vives et plus nettes.

Performance - CPU et mémoire :

En termes de performances, le MacBook Air et le MacBook Pro 13 pouces sont équipés de processeurs à 8 cœurs, ce qui les rend parfaitement adaptés aux tâches quotidiennes.

Pour ceux qui recherchent plus de puissance, les MacBook Pro 14 pouces et 16 pouces proposent des CPU jusqu'à 12 cœurs, ce qui leur confère une puissance de calcul considérable.

En ce qui concerne la mémoire, le MacBook Air et le MacBook Pro 13 pouces disposent au maximum de 24 Go de mémoire unifiée, ce qui est suffisant pour le multitâche et l'exécution d'applications gourmandes en mémoire. En revanche, les MacBook Pro 14 et 16 pouces sont nettement plus performants, avec jusqu'à 96 Go de mémoire unifiée, ce qui répond aux besoins des créatifs et des développeurs professionnels.

Capacité de stockage

La capacité de stockage est un autre élément à prendre en compte, en particulier pour les utilisateurs de fichiers volumineux. Les MacBook Air et MacBook Pro 13 pouces offrent jusqu'à 2 To de SSD, ce qui permet de stocker une quantité respectable de données. Pour les utilisateurs ayant des besoins de stockage plus importants, les MacBook Pro 14 pouces et 16 pouces sont dotés d'un SSD pouvant atteindre 8 To, ce qui garantit un espace suffisant pour les médias haute résolution, les grands ensembles de données, etc.

Autonomie de la batterie

La gamme MacBook impressionne par sa grande autonomie. Le MacBook Air offre jusqu'à 18 heures d'autonomie, tandis que le MacBook Pro 13 pouces l'emporte de peu avec 20 heures. Le MacBook Pro 14 pouces offre jusqu'à 17 heures et, en tête de peloton, le MacBook Pro 16 pouces affiche une autonomie impressionnante de 22 heures, ce qui minimise la nécessité d'une recharge fréquente.

Tarification

Le prix est un facteur essentiel pour de nombreux utilisateurs. Le MacBook Air, dont le prix de départ est de 999 dollars, offre un mélange de fonctionnalités et de prix abordable. Le MacBook Pro 13 pouces est proposé à partir de 1 299 dollars et offre des performances accrues pour un prix modéré. Pour ceux qui recherchent des fonctionnalités avancées et des performances de haut niveau, les MacBook Pro 14 pouces et 16 pouces sont proposés respectivement à partir de 1 999 et 2 499 dollars.

Mac contre Mac

Ensuite, explorons les Mac les mieux adaptés pour être installés en permanence sur votre bureau : le Mac mini (M2), le Mac mini (M2 Pro), le Mac Studio (M1 Max), le Mac Studio (M1 Ultra) et l'iMac 24 pouces (M1).

Performance

Au cœur de tout ordinateur se trouvent le CPU et le GPU, qui déterminent ses performances et ses capacités graphiques. Le Mac mini (M2) et l'iMac 24 pouces (M1) sont équipés de CPU à 8 cœurs, ce qui les rend adaptés aux tâches quotidiennes et à la consommation multimédia. Le Mac mini (M2 Pro) place la barre plus haut avec un processeur à 12 cœurs, offrant des performances accrues pour les applications les plus exigeantes.

Les modèles Mac Studio vont encore plus loin. La variante M1 Max est dotée d'un CPU à 10 cœurs et d'un GPU à 32 cœurs, tandis que le M1 Ultra double la mise avec un CPU à 20 cœurs et un incroyable GPU à 64 cœurs, ce qui en fait des machines puissantes pour les tâches graphiques intensives et le travail créatif professionnel.

Mémoire et stockage

La mémoire et le stockage sont essentiels, en particulier pour le multitâche et le traitement de fichiers volumineux. L'iMac 24 pouces (M1) offre jusqu'à 16 Go de mémoire unifiée et 2 To de stockage SSD, ce qui devrait suffire pour une utilisation générale. Les modèles Mac mini élargissent les options de mémoire, le M2 offrant jusqu'à 24 Go et le M2 Pro jusqu'à 32 Go, ainsi qu'une augmentation significative de la capacité de stockage - jusqu'à 8 To de SSD.

Les modèles Mac Studio sont dans une catégorie à part, offrant jusqu'à 128 Go de mémoire unifiée et 8 To de stockage SSD, pour répondre aux besoins des professionnels qui utilisent des applications gourmandes en mémoire et des ensembles de données volumineux.

Ports

La connectivité est cruciale, et chaque modèle de Mac offre une variété de ports pour accueillir vos périphériques. Les modèles Mac mini et Mac Studio sont dotés d'une combinaison de ports Thunderbolt 4/USB 4, de ports USB-A, de ports HDMI, de ports Ethernet et d'une prise casque de 3,5 mm. Les modèles Mac Studio sont notamment équipés d'un port Ethernet 10 Gb pour une mise en réseau à grande vitesse.

L'iMac 24 pouces (M1), bien qu'élégant, offre un choix plus limité avec deux ports Thunderbolt 4, deux ports USB-C et une prise casque de 3,5 mm, couvrant l'essentiel pour une utilisation quotidienne.

Prix

Le prix est toujours un facteur décisif, et la gamme d'Apple offre des options pour différents budgets. Le Mac mini (M2) est le plus accessible, à partir de 599 $, et offre un équilibre entre fonctionnalités et prix abordable. Le Mac mini (M2 Pro) et l'iMac 24 pouces (M1) démarrent tous deux à 1 299 dollars, avec des différences au niveau du facteur de forme et des performances. Gardez toutefois à l'esprit qu'avec la plupart de ces Mac, vous devrez acheter un moniteur.

Pour ceux qui recherchent des fonctionnalités avancées et des performances de haut niveau, le Mac Studio (M1 Max) est proposé à partir de 1 999 dollars et le Mac Studio haut de gamme (M1 Ultra) à partir de 3 999 dollars, ce qui reflète leurs capacités professionnelles.

MacBook Air vs Surface Pro 9

Ce livre ne traite pas de Windows, évidemment, mais comment le Mac se compare-t-il exactement à l'appareil phare de Microsoft : la Surface Pro 9 ? Jetons un coup d'œil. Je présente ici l'Air, car c'est l'appareil dont le prix est le plus proche de celui de la Surface Pro 9.

Affichage

La Surface Pro 9 est dotée d'un écran de 13,0 pouces avec une résolution de 2 880 x 1 920, prenant en charge un taux de rafraîchissement de 120 Hz et un impressionnant rapport écran/corps de 83,87 %. Cet appareil intègre également un verre Corning Gorilla Glass 5 résistant aux rayures et un capteur de lumière ambiante.

En comparaison, le MacBook Air offre un écran de 13,6 pouces légèrement plus grand, avec une résolution de 2 560 x 1 664. Cependant, il n'affiche pas un taux de rafraîchissement élevé comme la Surface Pro 9, ce qui pourrait le rendre moins attrayant pour les utilisateurs à la recherche de visuels plus fluides.

Matériel et performances

Sous le capot de la Surface Pro 9 se cache un processeur Intel Core i5 1235U Deca-core de 12e génération, associé à 8 Go de RAM et à la carte graphique Intel Iris Xe. Avec 128 Go de stockage interne, elle répond aux besoins de stockage modérés, en équilibrant les performances et l'espace.

De son côté, le MacBook Air est équipé d'un processeur et d'un GPU à 8 cœurs, accompagnés de 8 Go de mémoire unifiée et d'un espace de stockage plus généreux de 256 Go. Ces caractéristiques illustrent un match serré en termes de performances, le MacBook Air prenant une légère avance en termes de capacité de stockage.

Conception et portabilité

Pesant 879 g, la Surface Pro 9 est légèrement plus lourde et présente une conception entièrement en aluminium. Elle mesure 11,30 x 8,23 x 0,37 pouces, ce qui lui confère une forme compacte et portable.

Le MacBook Air, quant à lui, est plus léger, avec un poids de 2,7 livres (environ 1 225 g) et des dimensions de 11,97 x 8,46 x 0,44 pouces. Bien qu'il soit un peu plus grand, sa légèreté renforce son quotient de portabilité.

Connectivité

La connectivité est vitale dans notre paysage numérique interconnecté. La Surface Pro 9 propose le Bluetooth 5.1, le Wi-Fi 6E et un port USB Type-C avec des capacités OTG et de charge. Notamment, elle est dépourvue de prise casque de 3,5 mm, mais compense avec des fonctionnalités sans fil comme la mise en miroir de l'écran.

Le MacBook Air, quant à lui, dispose de deux ports Thunderbolt/USB-4 et prend en charge le Wi-Fi, mais ne précise pas la version.

Prix

En termes de prix, la Surface Pro 9 démarre à un niveau légèrement inférieur à celui du MacBook Air, qui commence à 1 199 dollars. Cette différence souligne la nécessité pour les acheteurs potentiels de mettre en balance leur budget et les fonctionnalités et performances spécifiques qu'ils recherchent.

[2]

MAC POUR LES UTILISATEURS DE WINDOWS

Permettez-moi de commencer ce chapitre en disant qu'il n'est pas destiné à tout le monde ! Comme de nombreux lecteurs sont des utilisateurs de Windows qui passent au Mac, je pense qu'il est important d'inclure un chapitre pour vous aider. Vous n'êtes pas un utilisateur de Windows ? Passez directement au chapitre suivant.

En quoi Mac est-il différent de Windows ?? Tout au long du livre, je ferai des comparaisons pour vous aider, mais je voudrais d'abord vous donner un aperçu des principales différences.

CLIQUER AVEC LE BOUTON DROIT DE LA SOURIS

Le clic droit est probablement une seconde nature pour vous si vous êtes un utilisateur de Windows. Sur Mac, tout est une question de gestes : en touchant le Trackpad (la souris du Mac) d'une certaine manière (ou, sur les nouveaux Mac, en exerçant une pression plus ou moins forte), vous ferez apparaître différentes options et différents menus.

Aussi bizarre que cela puisse paraître, la première fois que j'ai utilisé un Mac, le clic droit (ou l'absence de clic droit) m'a rendu fou... jusqu'à ce que je comprenne que le clic droit existe bel et bien. Pour effectuer un clic droit sur un Mac, cliquez avec deux doigts au lieu d'un. Vous pouvez également appuyer sur Control et cliquer avec un seul doigt.

Si vous possédez une vieille souris USB Windows vous pouvez la brancher sur votre Mac et elle fonctionnera sans aucune installation. Le clic droit fonctionnera même.

Je vous expliquerai comment personnaliser votre Trackpad plus loin dans le livre, mais si vous souhaitez aller plus loin, vous pouvez aller dans Préférences Système > Trackpad.

Et ne craignez pas de faire des dégâts ; il est très difficile d'endommager un Mac !

CLAVIER RACCOURCIS

Cette section vous donne un aperçu très rapide des raccourcis clavier les plus courants ; pour une liste plus détaillée, voir l'annexe A à la fin de cet ouvrage.

Sur un ordinateur Windows vous avez peut-être l'habitude d'utiliser fréquemment la touche Contrôle (CTRL) ; la touche Contrôle se trouve sur le clavier Mac, mais ne vous méprenez pas : sur un Mac, l'équivalent de la touche Contrôle est la touche Commande (⌘) (à droite du clavier). La bonne nouvelle, c'est que la combinaison de lettres pour les raccourcis Windows les plus fréquemment utilisés est presque toujours la même sur un Mac : Contrôle-C pour copier est Commande-C sur le Mac ; Contrôle-X pour couper est Commande-X ; Contrôle-V pour coller est Commande-V.

Sur un ordinateur Windows vous pouvez maintenir les touches Alt et Tab pour passer d'un programme à l'autre... sur un Mac, vous utilisez les touches Commande et Tab.

Les deux touches de fonction les plus fréquemment utilisées (les boutons au-dessus des chiffres) sont F3 et F4 ; F3 affiche une liste des programmes que vous avez ouverts, et F4 fait apparaître votre Launchpad (tous les programmes disponibles... un peu comme le menu Démarrer de Windows).

Rappelez-vous que même si les choses ont l'air différentes, elles ne le sont pas vraiment... Windows a l'Explorateur de fichiers, Mac a le FinderWindows a le menu Démarrer, Mac a le LaunchpadWindows a le ruban, Mac a le menu de navigation supérieur.

Vous trouverez ci-dessous un aperçu rapide de la façon dont les choses sont appelées sous Windows et de leur nom sur Mac :

Fenêtres	Mac
Windows Explorateur / Poste de travail / Ordinateur	Recherche
Panneau de contrôle	Préférences du système
Les programmes	Applications (souvent abrégées en "apps")
Barre des tâches et le menu Démarrer	Quai
Plateau	Menulets
Corbeille	Poubelle
Gestionnaire de tâches	Moniteur d'activité
Centre des médias	iTunes

TRANSFERT DE DOCUMENTS

Lorsque l'on met à jour son ordinateur, on s'inquiète souvent de savoir comment transférer toutes ses données de l'ancien au nouvel ordinateur. Avec les Mac, c'est une tâche assez simple - vous pouvez même vous rendre dans l'Apple Store le plus proche pour obtenir une aide gratuite (il faut prendre rendez-vous, alors n'entrez pas comme ça).

Si vous ne voulez pas attendre un rendez-vous ou si vous aimez simplement faire les choses par vous-même, il existe déjà un outil sur votre ordinateur pour vous aider : il s'agit de l'assistant de migration.. Attention, vous avez besoin d'une connexion internet.

Pour commencer, allez sur votre ordinateur Windows et recherchez dans n'importe quel moteur de recherche "Windows Migration Assistant"ou allez directement sur le site https://support.apple.com/kb/DL1557?locale=en_US. Une fois sur le site, téléchargez et installez le programme sur votre ordinateur Windows.

This software will help you migrate data from a Windows PC running Windows XP, Windows Vista, Windows 7 or Windows 8. The Migration Assistant will launch automatically after it has been installed.

For more information, please see http://support.apple.com/kb/HT4796.

Sur votre Mac, cliquez sur l'icône Launchpad (c'est-à-dire la fusée dans la barre des tâches).

Ensuite, cliquez sur Autre, puis sur Assistant de migration..

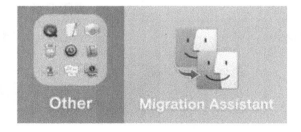

Pour utiliser l'Assistant de migrationtout ce qui est ouvert sur votre Mac sera fermé, alors assurez-vous de sauvegarder votre travail, et ne commencez pas avant d'être prêt.

Dans l'installation, cliquez sur Continuer, puis sélectionnez "Depuis un autre Mac, PC, Time Machine ou un autre disque", puis sélectionnez Continuer et ensuite "Depuis un autre Mac ou PC". La fenêtre suivante doit afficher l'ordinateur Windows à partir duquel vous souhaitez transférer des fichiers. Cliquez sur Continuer, vérifiez sur l'ordinateur Windows que les codes d'accès correspondent et cliquez à nouveau sur Continuer. Enfin, l'assistant vous demande de sélectionner les types de fichiers que vous souhaitez transférer.

Si vous n'utilisez pas l'assistant tout de suite, vous pourrez toujours le faire plus tard. Il n'y a pas de délai pour l'utiliser, donc si vous déterrez un ancien ordinateur Windows dans le garage et que vous souhaitez tout transférer, l'option sera toujours disponible.

COMPATIBILITÉ

Maintenant que vous avez tout copié, parlons brièvement de la compatibilité. Si de nombreux fichiers s'ouvrent sur un Mac, ce n'est pas le cas des logiciels. Cela signifie que si vous avez Word sur Windowsles logiciels les plus courants (comme Word) sont disponibles sur Mac, mais il faut les acheter.

Ne vous inquiétez pas trop : la plupart des fichiers que vous venez de transférer s'ouvriront même si vous n'achetez pas de logiciel pour les ouvrir. Les fichiers Word (Doc, Docx), par exemple, s'ouvriront dans Pages (qui est gratuit sur les nouveaux Mac).

Si votre fichier ne s'ouvre pas, vous pourrez probablement trouver en ligne un logiciel gratuit qui l'ouvrira.

ASSISTANT D'INSTALLATION

Si vous démarrez le Mac pour la première fois (et que vous en êtes le premier propriétaire), la première chose qui se produira sera un assistant d'installation automatique qui vous guidera dans la création d'un compte et la mise en place de tous les éléments.

La première chose à faire est de sélectionner votre pays ; si vous ne voyez pas le vôtre, cliquez sur Voir tout. Cliquez sur Continuer après avoir terminé chaque section. Ensuite, vous choisirez votre disposition de clavier ; si vous êtes anglophone, vous opterez probablement pour les États-Unis, mais si vous comptez taper principalement dans une autre langue (comme le chinois), vous voudrez peut-être choisir ce pays à la place - vous pourrez modifier ce choix plus tard.

Vous n'êtes pas obligé de configurer le réseau sans fil à ce stade, mais si vous le faites, cela déclenchera également l'Assistant de migration (qui vous aidera à transférer des fichiers) ; cette étape est facultative, vous pouvez donc l'ignorer (vous pourrez également y revenir plus tard).

L'écran suivant est l'un des plus importants : il s'agit de saisir votre identifiant Apple. Si vous possédez d'autres appareils Apple (iPad, iPod, iPhone, etc.) ou si vous avez un identifiant que vous utilisez avec Windows) ou si vous avez un identifiant que vous utilisez avec Windows®, vous devez l'utiliser car toutes les applications, la musique et les autres médias pour lesquels vous avez payé sont liés à votre compte. Si vous n'en avez pas, vous avez la possibilité d'en obtenir un : il est gratuit et inclut iCloud (également gratuit), dont je parlerai plus tard.

La partie suivante de l'installation est Find My Mac (pour lequel vous avez besoin d'iCloud) ; il s'agit d'une fonctionnalité intéressante qui vous permet de voir où se trouve votre Mac à partir de votre navigateur Internet ; s'il a été volé, elle vous permet également d'effacer tout votre contenu.

Après avoir accepté les conditions, vous serez amené à la sélection du fuseau horaire. Ensuite, il vous est demandé si vous souhaitez activer la fonction iCloud iCloud. Qu'est-ce que le trousseau iCloud ? Il s'agit en fait de stocker les mots de passe dans le nuage afin de pouvoir les utiliser sur n'importe quel appareil.

Ensuite, décidez si vous souhaitez envoyer des données de diagnostic et d'utilisation à Apple. Ces données sont utilisées à des fins statistiques pour aider Apple à améliorer ses logiciels et son matériel, mais c'est à vous de décider. Si vous décidez de le faire, cela ne ralentira pas votre ordinateur : tout se fait en arrière-plan. Après cette étape, vous décidez si vous souhaitez enregistrer votre installation auprès d'Apple.

Enfin, vous êtes prêt à utiliser votre Mac !

[3]

Qu'est-ce que Sonoma ?

L'un des avantages de macOS est qu'il bénéficie d'une nouvelle mise à jour chaque année - c'est un peu comme si vous receviez un nouvel ordinateur à l'automne.

Le moment est à nouveau venu. macOS Sonoma a débarqué, offrant une expérience enrichie aux utilisateurs de Mac à la recherche de l'équilibre parfait entre des utilitaires puissants et des fonctionnalités agréables. Certaines fonctionnalités ne sont pas aussi évidentes que d'autres, alors prenons un moment pour explorer ce qui est différent dans le dernier macOS. Et ne vous inquiétez pas si vous êtes un peu perdu avec certaines de ces fonctionnalités : elles prendront tout leur sens lorsque je les aborderai plus en détail dans la suite du livre.

Économiseurs d'écran

Avec des économiseurs d'écran au ralenti époustouflants représentant des lieux du monde entier, l'affichage de votre Mac vient de bénéficier d'une mise à niveau visuelle. Transformez en toute transparence ces économiseurs d'écran en fond d'écran lors de votre connexion. Si vous possédez une Apple TV, ces économiseurs d'écran vous sont probablement déjà familiers.

Widgets sur le bureau :

Améliorez votre bureau avec des widgets de la nouvelle galerie, permettant des fonctionnalités telles que la lecture de podcasts et la gestion des lumières directement à partir d'un widget. En outre, grâce à Continuity, les widgets iPhone peuvent être intégrés sans qu'il soit nécessaire d'installer les applications Mac correspondantes.

La vidéoconférence révolutionnée

La superposition du présentateur vous permet de rester au centre de l'attention lors du partage d'écran, grâce à des superpositions de petite et de grande taille. Réagissez dynamiquement avec des gestes de la main et des effets de réalité augmentée pour des conversations plus engageantes.

Avec le nouveau sélecteur de partage d'écran, partagez plusieurs applications sans effort. Maintenez la composition de la vidéo à l'aide des fonctions de zoom, de panoramique et de recentrage.

Safari, mots de passe et vie privée

Profils et recherche améliorée : Séparez les activités de navigation avec les profils Safari et bénéficiez d'une recherche plus rapide et plus pertinente.

Applications Web et partage de mots de passe : Transformez les sites web en applications et partagez vos mots de passe en toute sécurité avec des contacts de confiance.

Navigation privée améliorée : Naviguez en toute sécurité grâce à des fenêtres privées verrouillées et à l'élimination du suivi.

Messages et partage

Filtres de recherche et fonction de rattrapage : Trouvez rapidement des messages grâce aux filtres de recherche combinés et ne manquez jamais une conversation grâce à la flèche de rattrapage.

Partage d'emplacement et tiroir à autocollants : Partagez des lieux en toute transparence et accédez aux Live Stickers et aux Memoji en un seul endroit.

PDFs

Remplissez rapidement les documents grâce au remplissage automatique amélioré et affichez les PDF directement dans Notes.

Mode de jeu

Découvrez plus de jeux sur Mac et montez en niveau avec le mode Jeu, qui garantit la priorité absolue aux applications de jeu et réduit la latence avec les accessoires sans fil.

MISE À JOUR VERS LE SYSTÈME D'EXPLOITATION SONOMA

La mise à jour vers Sonoma n'est pas très différente de la mise à jour du système d'exploitation de votre téléphone. Pour commencer, vous devez vous rendre sur la petite pomme dans le coin supérieur gauche.

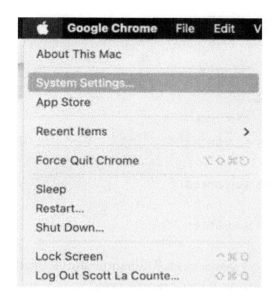

Ensuite, sélectionnez les paramètres du système. À partir de là, accédez à la mise à jour du logiciel. Elle vous indiquera si vous disposez de la version la plus récente de macOS.

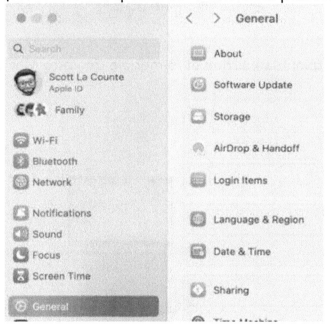

Compatibilité

Vous ne voyez pas Sonoma ? Il est possible que votre ordinateur ne le prenne pas en charge. Apple assure généralement le support des Macs pendant environ 5 ans. Sonoma est compatible avec les Macs suivants :

- iMac
  2019 et années suivantes

- Mac Pro
  2019 et années suivantes
- iMac Pro
  2017
- Mac Studio
  2022 et au-delà
- MacBook Air
  2018 et années suivantes
- Mac mini
  2018 et années suivantes
- MacBook Pro
  2018 et années suivantes

Comment savoir ce que vous avez ? Cliquez sur le bouton Apple en haut à gauche de votre écran, puis sélectionnez À propos de ce Mac.

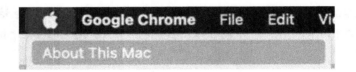

Une fenêtre indiquant la marque et le modèle de votre Mac s'affiche.

[3]

APPRENONS LES BASES

La meilleure façon d'apprendre est de le faire, alors je suis sûr que vous êtes impatient de mettre les mains dans le cambouis et de commencer à utiliser le Mac ! Cependant, si vous êtes novice en matière de Mac, cela peut être un peu intimidant - il n'est pas difficile à utiliser, mais vous devez, au minimum, savoir ce que vous regardez. Dans ce chapitre, je vais vous donner un cours accéléré sur l'interface de MacOS. À la fin du chapitre, vous ne serez pas un expert, mais vous saurez où se trouvent les choses et comment commencer à les ouvrir et à les utiliser.

CLAVIER

Le clavier ?! Je sais ce que vous pensez : un clavier est un clavier ! Enfin, en quelque sorte. S'il est vrai que vous pouvez utiliser un clavier Windows sur un Mac, il existe des claviers (y compris celui qui est fourni gratuitement avec votre Mac ou qui est intégré à votre MacBook) qui sont spécialement conçus pour le Mac.

Il n'y a pas beaucoup de différences ; voici les quatre principales.

Clé de la pomme

Sur un clavier Windows il y a un bouton qui ressemble à un drapeau Windows, appelé bouton Windows. Il est inutile de placer un bouton Windows sur un clavier Mac, c'est pourquoi, à la place du bouton Windows, vous trouverez le bouton Pomme, qui ne ressemble pas du tout à une pomme ! Il ressemble en fait à ceci (⌘) ; il est plus connu sous le nom de bouton de commande, bien que certaines personnes l'appellent aussi la touche Trèfle et la touche Bretzel.

Supprimer (espace arrière)

Sur un clavier Windows la touche d'effacement arrière est une touche "Backwards Delete" et la touche d'effacement est une touche "Forward Delete" (qui supprime l'espace immédiatement après le curseur). Sur un clavier Mac, la touche d'effacement arrière est intitulée "Delete" et se trouve exactement au même endroit que la touche d'effacement arrière de Windows. La plupart des claviers Mac n'ont plus de touche d'effacement avant, mais les claviers plus grands en ont une : elle s'appelle "Del->". Si vous ne la voyez pas, vous pouvez toujours utiliser la touche d'effacement avant en appuyant sur la touche FN (dans le coin gauche de votre clavier) et sur la touche d'effacement.

LE BUREAU

Si tout va bien, vos fichiers ont été transférés, vous avez terminé le démarrage initial et vous avez une belle image sur votre bureau. Vous êtes enfin prêt à utiliser votre ordinateur !

Le bureau est l'endroit où vous passerez le plus clair de votre temps, alors prenons le temps de le connaître.

La première chose que vous remarquerez, c'est qu'il n'est pas très différent de Windows-Il s'agit d'un vaste espace que vous pouvez laisser vide ou remplir d'icônes ou de documents.

APPLE A UN LOURD SECRET

Dans les couloirs d'Apple, des développeurs ont travaillé sur quelque chose de très... sombre. Il s'agit du mode sombre. Quelqu'un veut-il deviner ce qui se passe lorsque vous l'activez ? Si vous avez répondu "Les emoji Disney dansent joyeusement sur votre écran", revenez en arrière et relisez la question. Alors, qu'est-ce que le mode sombre et pourquoi voudriez-vous l'utiliser ?

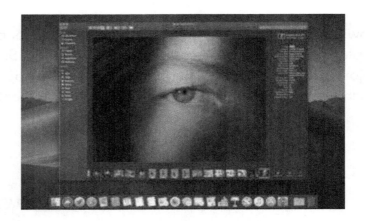

L'intérêt du mode sombre est de mettre l'accent sur ce sur quoi vous travaillez ou sur ce que vous devez trouver. Supposons que vous modifiez une photo. Qu'est-ce qui est important ? La photo. Toutes ces choses en arrière-plan ne sont que du bruit. Parfois, vous avez besoin de ce bruit pour votre travail, mais vous travaillerez plus efficacement en l'assombrissant. Ce n'est pas comme si les éléments en arrière-plan étaient plus difficiles à voir : le contraste vous aide simplement à être plus créatif. C'est du moins ce que pense Apple. Si vous pensez le contraire, vous avez la possibilité de le désactiver.

Dans l'image ci-dessus, vous pouvez voir la différence entre le mode sombre (à gauche) et le mode clair (à droite). En mode sombre, ces vignettes devraient ressortir un peu plus qu'en mode clair.

Toutes les applications ne seront pas différentes. C'est à l'entreprise qui crée l'application de revoir la conception de l'application pour en tirer parti. Apple a manifestement mis à jour un grand nombre de ses applications (comme CalendariTunes, Mail).

Si vous avez mis à jour MacOS Catalina, il vous sera demandé si vous souhaitez l'activer. Si vous voulez l'activer, ou si vous l'avez désactivé mais que vous voulez maintenant l'activer, c'est facile à faire :

Allez dans les Préférences Système (vous les trouverez dans la zone de lancement des applications de votre Dock).

Sélectionnez Général et choisissez l'option.

Lorsque vous êtes dans les Préférences Système > Général, vous remarquerez que vous avez la possibilité de changer la couleur d'accentuation qui va de pair avec le mode clair / foncé ; cela modifie toutes les flèches, les bascules, etc. dans l'ensemble du système d'exploitation. Vous pouvez toujours revenir aux paramètres par défaut, alors n'hésitez pas à vous amuser : vous ne casserez rien !

C'EST DYNAMIQUE !

Apple aime toujours mettre l'accent sur l'esthétique lorsqu'elle met à jour son système d'exploitation. Le mode sombre est un moyen d'y parvenir ; Dynamic Desktop en est une autre.

Lorsque j'ai entendu le nom, j'ai imaginé qu'il permettrait à votre fond d'écran de s'animer en ayant quelque chose de plus... dynamique - comme si le fond d'écran pouvait être une vidéo en boucle ou quelque chose comme ça. Malheureusement, c'est un peu moins dynamique que cela, mais c'est tout de même une fonctionnalité intéressante.

Qu'est-ce que c'est ? Eh bien, le fond d'écran de votre bureau changera, mais un peu plus lentement. En fait, le papier peint change d'aspect en fonction de l'heure de la journée. Dans l'exemple d'Apple, il s'agit d'une image du désert de Mojave ; le matin, elle est lumineuse et au fil de la journée, elle s'assombrit.

Pour l'utiliser, assurez-vous que la fonction Location Series est activée - le système d'exploitation doit savoir quelle heure il est dans votre fuseau horaire.

CE SYSTÈME D'EXPLOITATION EST EMPILÉ

Le Mac excelle à bien des égards ; l'un des plus importants est la façon dont il vous permet de rester organisé. Apple travaille sans relâche pour vous aider à rester organisé et à conserver tout votre contenu structuré de manière à ce qu'il soit facile à trouver.

Apple est un peu comme une bibliothèque ; les autres systèmes d'exploitation sont un peu comme des librairies d'occasion. Dans les deux cas, on trouve la même chose : des livres. Mais l'un est organisé de manière à vous aider à trouver rapidement ce dont vous avez besoin ; l'autre est organisé de manière à ce que vous ayez vraiment besoin de naviguer pour trouver ce dont vous avez besoin.

Si votre bureau ressemble à l'image ci-dessous, Stacks peut vous aider.

Comment Stacks nettoie ce désordre ? Lorsqu'elle est activée, la capture d'écran ci-dessus ressemblerait à la suivante.

Tout est encore là, mais regroupé. Toutes les images, tous les documents et toutes les vidéos se trouvent dans un même groupe. Si vous souhaitez voir un élément de ce groupe, il vous suffit de cliquer sur la vignette pour qu'elle s'agrandisse. Si vous ajoutez un nouveau fichier à votre bureau, il est automatiquement placé dans le groupe approprié.

Si vous êtes sur votre bureau, vous pouvez l'activer en cliquant et en sélectionnant Utiliser les piles. Vous pouvez également le faire en allant dans le Finder puis en sélectionnant Utiliser les piles. Vous pouvez également choisir la façon dont vous voulez que les choses soient empilées. Par défaut, les documents sont classés par type, mais vous pouvez également les classer par date ou par étiquette.

Si vous souhaitez le désactiver, répétez la procédure ci-dessus, mais décochez la case Utiliser les piles..

BARRE DE MENU

L'une des différences les plus notables entre Windows et Mac sur le bureau est la barre de menu supérieure. Je reviendrai sur cette barre de menus tout au long du livre, mais pour l'instant, ce qu'il faut savoir, c'est qu'elle change avec chaque programme que vous ouvrez, mais que certaines de ses fonctionnalités restent les mêmes. La petite pomme, par exemple, ne change jamais : en cliquant dessus, vous obtiendrez toujours les options de redémarrage, d'arrêt ou de déconnexion de votre ordinateur. La petite loupe à l'extrême droite est également toujours là. Chaque fois que vous cliquez dessus, vous pouvez rechercher des fichiers, des courriers électroniques, des contacts, etc. qui se trouvent sur votre ordinateur.

 Finder   File   Edit   View   Go   Window   Help

MENULETS

En haut à droite, vous verrez plusieurs "menulets", dont Bluetoothla connectivité sans fil, le volume, la batterie, l'heure et la date, le nom du compte actuellement connecté, Spotlight et Notificationsainsi que d'autres icônes tierces (si elles sont installées).

Nous reviendrons sur cette partie du menu au fur et à mesure de la lecture de ce livre.

PLEINS FEUX SUR L'AVENIR

Spotlight était autrefois le moyen de trouver des fichiers. Il l'est toujours. Mais il a évolué pour aller plus loin. Saisissez un mot ou une expression (j'utilise des photos de chiens dans l'exemple ci-dessous) et Spotlight commence à rechercher non seulement des fichiers, mais aussi des correspondances sur le web, des documents dans lesquels la phase est utilisée, des suggestions Siri, et bien plus encore.

Spotlight se trouve dans le coin supérieur droit de votre Mac : c'est la petite loupe.

CENTRE DE CONTRÔLE

Si vous possédez d'autres appareils Apple, vous remarquerez peut-être que les choses sur le Mac vous semblent un peu familières. C'est voulu. À chaque mise à jour, les Mac ajoutent de nouvelles fonctionnalités qui ressemblent à celles que l'on trouve sur les iPhone et les iPad. Cela contribue à rendre l'expérience plus fluide, ce qui facilite la prise en main de l'appareil.

C'est particulièrement vrai pour le Centre de contrôlequi se trouve dans le menu supérieur, juste à côté de l'icône Siri . En cliquant dessus, vous accéderez à une série d'options. C'est là que vous pouvez modifier le Wi-Fide l'écran, et bien d'autres choses encore.

Il n'y a peut-être pas beaucoup d'options, mais chaque contrôle a des sous-contrôles. Il suffit de cliquer sur la flèche située à côté.

QUAI

Windows a une barre des tâches en bas de l'écran, et Mac a un Dock; le Dock est l'endroit où se trouvent toutes les applications que vous utilisez couramment.

Si vous voyez un petit point sous l'icône, c'est que le programme est actuellement ouvert. Si vous souhaitez le fermer, cliquez sur l'icône avec deux doigts pour faire apparaître les options, puis cliquez sur Quitter.

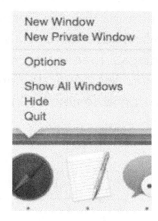

Supprimer un programme du Dock est assez simple : il suffit de faire glisser l'icône vers la Corbeille et de la relâcher. Cette opération ne supprime pas le programme, mais uniquement le raccourci. Finderla Corbeille et le Launchpad sont les seuls programmes que vous ne pouvez pas supprimer.

Si vous souhaitez ajouter un programme au DockLorsque l'icône apparaît dans le Dock, cliquez avec deux doigts, puis allez dans Options et sélectionnez Garder dans le Dock.

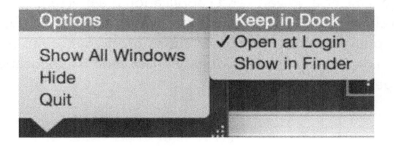

POUBELLE

À l'extrémité droite du quai se trouve la corbeille. Pour supprimer un dossier, un fichier ou une application, faites glisser l'élément vers la Corbeille ou cliquez avec le bouton droit de la souris (à deux doigts) sur l'élément et sélectionnez Déplacer vers la Corbeille dans le menu contextuel. Si vous souhaitez éjecter un disque ou un lecteur, tel qu'un iPod ou une clé USB, faites glisser le volume dans la Corbeille. Lorsque le volume survole la Corbeille, l'icône se transforme d'une corbeille en un gros bouton d'éjection. Relâchez la souris et votre volume sera éjecté en toute sécurité et pourra être retiré de l'ordinateur. Pour vider la Corbeille, cliquez avec le bouton droit de la souris (avec deux doigts) sur l'icône de la Corbeille dans le Dock et sélectionnez Vider la Corbeille.

Vous pouvez gérer la Corbeille vous-même, mais je vous recommande vivement l'application "Clean My Mac" (https://macpaw.com/cleanmymac) ; elle est un peu chère, mais lorsque je l'utilise, elle me permet généralement de libérer 1 Go de stockage en supprimant les fichiers d'installation et les extensions dont je n'ai pas besoin.

BOUTONS DE L'APPLICATION

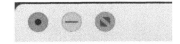

Les petites lumières de l'image ci-dessus n'ont pas de nom. Certains les appellent des feux de signalisation. Vous commencerez à en voir beaucoup car presque tous les programmes Mac les utilisent. Sur un ordinateur Windowsvous les avez vues sous la forme d'un X et d'un moins en haut à droite de votre écran. Sur un Mac, ils apparaissent en haut à gauche du programme en cours d'exécution. Le voyant rouge signifie fermer, le voyant jaune signifie minimiser et le vert rend l'application plein écran.

Plein écran signifie que le programme occupe tout l'écran et que même le Dock disparaît. Vous pouvez voir le Dock et les autres programmes rapidement en balayant le Trackpad vers la droite avec quatre doigts. Pour revenir à l'application, faites glisser quatre doigts vers la gauche.

LAUNCHPAD

Le Launchpad est essentiellement le menu Démarrer d'un ordinateur Windows. Il affiche vos programmes.

Lorsque vous cliquez dessus, des rangées de programmes s'affichent ; vous pouvez immédiatement commencer à taper pour rechercher une application, ou vous pouvez simplement la chercher. Si vous avez beaucoup d'applications, vous avez probablement plus d'un écran. Faites glisser deux doigts vers la gauche pour passer à l'écran suivant.

Launchpad s'inspire beaucoup de l'iPhone et de l'iPad. Si vous souhaitez supprimer un programme, par exemple, vous procédez de la même manière que pour une application iPhone ou iPad. Il vous suffit de cliquer et de maintenir le bouton enfoncé jusqu'à ce qu'un X apparaisse au-dessus du programme, puis de cliquer sur le X pour le supprimer. De même, pour réorganiser les icônes, utilisez la même méthode que pour réorganiser les applications iPhone / iPad : cliquez et maintenez le doigt sur l'icône jusqu'à ce qu'elle commence à trembler, puis déplacez-la là où vous le souhaitez. Vous pouvez même regrouper des programmes de la même manière que pour l'iPhone / iPad : cliquez sur l'icône et maintenez-la enfoncée, puis faites-la glisser au-dessus de l'application avec laquelle vous souhaitez la regrouper ; enfin, lorsque le dossier apparaît, vous pouvez le lâcher.

Après avoir supprimé un programme, vous pouvez le retélécharger à tout moment, en allant dans l'App Store (à condition que vous l'ayez téléchargé à partir de l'App Store et non d'un site web).

Notifications

Depuis quelques mises à jour, Apple tente de reproduire les fonctionnalités d'iOS (iPad / iPhone), afin que l'utilisation d'un Mac se rapproche de celle d'un appareil mobile. Cette tentative de reproduire les fonctionnalités est particulièrement vraie avec Catalina OS.

La notification est une nouvelle fonctionnalité d'OS X Yosemite. Vous pouvez la trouver à tout moment sur le bouton du menu supérieur ; elle se trouve dans le coin le plus à droite et ressemble à ceci :

Cliquez dessus chaque fois que vous voulez voir des alertes. Vous pouvez également y accéder en glissant deux doigts vers la gauche depuis le bord de votre Trackpad.

Lorsque vous balayez vers le bas depuis le haut d'un iPad ou d'un iPhone, vous obtenez un écran similaire. Le menu Notifications se compose de deux parties comporte deux parties : Aujourd'hui et Notifications.

L'onglet Aujourd'hui est l'endroit où vous verrez les choses qui se passent le plus souvent dans l'immédiat : le temps qu'il fait, votre calendrier, vos actions, etc. L'onglet Notifications est l'endroit où vous verrez des choses comme les messages ou les courriels de Facebook ou les courriels. Plus loin dans ce livre, je vous montrerai comment le personnaliser.

RÉGISSEUR

Le gestionnaire de scène est un moyen de faire du multitâche entre les applications. Regardez l'exemple ci-dessous. Vous remarquez que plusieurs fenêtres sont ouvertes en arrière-plan ? Il est difficile de s'y retrouver, n'est-ce pas ?

Lorsque la fonction Stage Manager est activée, elle ressemble à l'image ci-dessous.

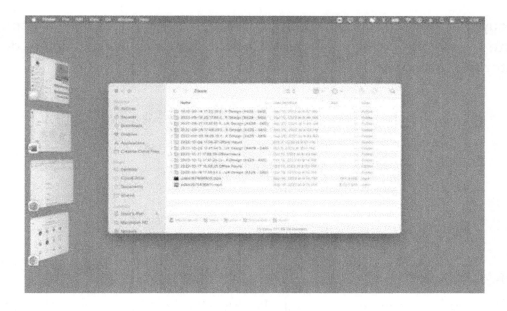

Les vignettes vous permettent de passer rapidement d'une application à l'autre. Allez dans le centre de contrôle dans le coin supérieur droit de votre écran pour l'activer.

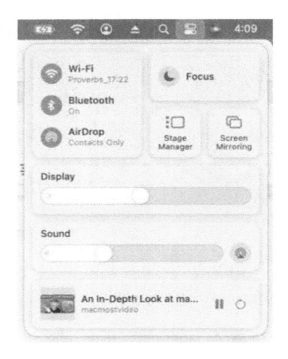

Appuyez à nouveau sur ce bouton pour le désactiver. Lorsque vous appuyez à nouveau sur cette touche, vous avez également la possibilité de choisir la manière dont vous souhaitez trier les applications.

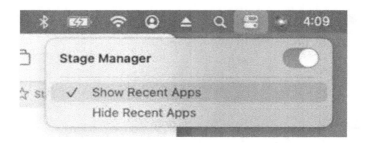

VUE FRACTIONNÉE

L'affichage fractionné est peut-être la plus grande fonctionnalité ajoutée à OS X. Il vous permet d'exécuter deux applications côte à côte, mais il y a un hic : toutes les applications ne sont pas compatibles. Si vous vous grattez la tête parce que cette fonctionnalité ne vous convient pas, il y a de fortes chances que ce ne soit pas parce que vous vous y prenez mal, mais parce que l'application ne prend pas en charge cette fonctionnalité.

Il existe deux façons de faire fonctionner la vue fractionnée. Examinons-les toutes les deux. Tout d'abord, assurez-vous que les deux applications que vous souhaitez exécuter côte à côte ne fonctionnent pas en mode plein écran.

Méthode 1

Cliquez et maintenez le bouton vert dans le coin supérieur gauche de votre application.

Une boîte bleue transparente apparaît ; faites-y glisser l'application (par défaut, la boîte bleue se trouve sur le côté gauche, mais si vous la faites glisser sur le côté droit, elle deviendra également bleue et vous pourrez l'y déposer).

Cliquez ensuite sur le programme que vous souhaitez utiliser en parallèle.

Vous pouvez utiliser la ligne noire centrale pour agrandir ou réduire l'une des fenêtres en la faisant glisser vers la gauche ou vers la droite.

Pour revenir à l'affichage normal, cliquez à nouveau sur le bouton vert dans le coin supérieur gauche de l'application (vous pouvez également appuyer sur la touche ESC de votre clavier).

Méthode 2

Comme vous l'avez probablement remarqué, la plupart des choses dans OS X peuvent se faire par plusieurs méthodes différentes ; l'affichage côte à côte en a deux. La deuxième façon d'obtenir des applications est d'ouvrir le contrôle de mission et de faire glisser l'application dans le menu supérieur.

Vous remarquerez qu'une boîte grise apparaît et qu'elle semble se diviser.

Lorsque vous déposez l'application dans cette boîte, vous obtenez un aperçu côte à côte. Une fois que vous aurez cliqué sur l'aperçu, il s'agrandira.

Le retour à l'écran non divisé s'effectue de la même manière que pour la méthode 1 (cliquez sur la boîte verte dans le coin supérieur gauche ou appuyez sur la touche ESC du clavier).

LOGICIEL TABBED

Si vous avez déjà utilisé les onglets sur Internet Explorer ou Chromecette nouvelle fonctionnalité pourrait vous intéresser. Elle vous permet d'ouvrir des documents (tels que Maps et Pages) avec l'affichage des onglets. Remarque : cette fonctionnalité n'est pas prise en charge par toutes les applications Mac.

Pour l'utiliser, ouvrez deux fenêtres de la même application. J'utiliserai Maps dans l'exemple ci-dessous.

Ensuite, allez dans Fenêtre et fusionnez toutes les fenêtres.

Vos fenêtres devraient maintenant être fusionnées.

VIDÉO IMAGE PAR IMAGE

Si vous souhaitez regarder une vidéo pendant que vous travaillez, vous avez de la chance ! Si vous possédez déjà la vidéo (une vidéo que vous avez achetée sur iTunespar exemple), il vous suffit de lancer la lecture de la vidéo et d'aller dans Affichage et Flotter en haut.

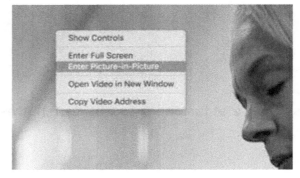

Mais qu'en est-il des vidéos sur le web ? Comme Vimeo et YouTube ? C'est facile aussi. Il suffit de double-cliquer sur la vidéo que vous regardez et de sélectionner Entrer dans l'image.

Votre vidéo sera immédiatement diffusée au-dessus des autres fenêtres.

ÉCONOMISEURS D'ÉCRAN

Si vous êtes aussi âgé que moi, vous vous souvenez peut-être des anciens économiseurs d'écran de Window - des grille-pains flottants qui traversaient votre écran. Peut-être les aimiez-vous tellement que vous êtes allé chez CompUSA ou Fry's Electronics pour acheter une disquette contenant encore plus d'économiseurs d'écran. Et si vous n'êtes pas assez vieux, vous êtes probablement en train de lire ceci en vous disant : "Attendez, vous avez vraiment payé pour des économiseurs d'écran ?"

macOS fait sauter ces toasters flottants de votre écran, et même de la lune ! L'époque des photos ou des graphiques 8 bits comme économiseurs d'écran est révolue ; macOS incorpore quelque chose de bien plus époustouflant sur le plan visuel.

macOS propose une grande variété d'économiseurs d'écran vidéo, notamment des paysages à couper le souffle et des scènes sous-marines.

L'effet global est subtil mais impressionnant, et le meilleur ? L'installation est un jeu d'enfant et ne prend que quelques minutes. Voici un guide étape par étape pour vous aider :

Étape 1 : Ouvrez l'application Réglages système sur votre Mac et sélectionnez Économiseur d'écran dans la barre latérale.

Étape 2 : Explorez quatre catégories d'économiseurs d'écran vidéo : Paysage, Paysage urbain, Sous-marin et Terre. En outre, il existe un groupe "Aériennes mélangées" qui combine des sélections de différentes catégories. Cliquez sur l'économiseur d'écran de votre choix pour lancer le téléchargement. Si le téléchargement ne démarre pas automatiquement, cliquez simplement sur le bouton Télécharger.

Étape 3 : Après le téléchargement, vous avez le choix ! Activez l'option "Afficher en tant que fond d'écran" pour que votre économiseur d'écran vidéo devienne l'arrière-plan de votre bureau. Cela permet une transition transparente entre la vidéo et l'image statique. Si vous préférez conserver votre fond d'écran actuel tout en profitant de l'économiseur d'écran vidéo, laissez cette option désactivée.

Une autre fonctionnalité, "Afficher dans tous les espaces", applique les paramètres choisis à tous les espaces de votre bureau. Vous avez choisi l'option de lecture aléatoire ? Déterminez la fréquence à laquelle vous souhaitez que l'économiseur d'écran passe d'une vidéo à l'autre.

Étape 4 : Et ce n'est pas tout ! Naviguez jusqu'à Fond d'écran dans la barre latérale des paramètres du système. Ici, vous pouvez définir un fond d'écran à partir d'un économiseur d'écran vidéo, même sans activer la fonction d'économiseur d'écran. Choisissez parmi les catégories mentionnées à l'étape 2 et associez-les à un économiseur d'écran vidéo si vous le souhaitez.

Étape 5 : Les images éclatantes des économiseurs d'écran vidéo ne se limitent pas à votre bureau ; elles peuvent aussi orner l'écran de verrouillage de votre Mac ! Si votre fond d'écran est sélectionné dans une catégorie d'économiseurs d'écran vidéo, il s'anime sur votre écran de verrouillage et passe en douceur à une image statique lors de la connexion. Cette règle s'applique que votre fond d'écran et votre économiseur d'écran soient tous deux issus d'un ensemble de vidéos ou qu'il s'agisse uniquement du fond d'écran. Si vous choisissez une image différente pour votre fond d'écran, l'écran de verrouillage affichera votre fond d'écran habituel sans animation.

WIDGETS

Si vous êtes un nouvel utilisateur de Mac, vous serez peut-être ravi de découvrir comment vous pouvez personnaliser votre bureau avec des widgets. Les widgets sont de petits outils pratiques qui permettent d'accéder rapidement à des informations et à des fonctionnalités. Voici un guide simple sur la façon de les ajouter à votre bureau dans macOS :

Étape 1 : Commencez par faire un clic droit sur n'importe quel espace vide de votre bureau. Un menu contextuel s'ouvre alors.

Étape 2 : Dans le menu, sélectionnez l'option "Modifier les widgets". Vous accédez alors à une nouvelle interface.

Étape 3 : Une fois que vous avez cliqué sur "Modifier les widgets", une fenêtre apparaît en bas de votre écran, affichant une liste des applications disponibles. Vous pouvez alors parcourir les différentes applications et explorer les différents widgets qu'elles proposent.

Étape 4 : Lorsque vous sélectionnez une application, vous verrez plusieurs cases à sa droite, représentant différents types de widgets. Chaque widget a une fonction unique, offrant diverses fonctionnalités ou informations. N'hésitez pas à les explorer et à voir lesquels répondent à vos besoins !

Étape 5 : Après avoir navigué, il est temps de faire votre sélection. Il vous suffit de cliquer sur le widget de votre choix et de le faire glisser de la fenêtre vers votre bureau. Placez-le où vous le souhaitez ; il y restera une fois que vous aurez relâché le clic.

[4]
OÙ EST...

L'un des aspects les plus intéressants de Mac est la facilité avec laquelle il est possible de trouver des choses. Bien sûr, Windows dispose d'une fonction de recherche, mais elle n'est pas très pratique et ne fonctionne pas toujours comme prévu. Dans ce chapitre, nous verrons comment trouver les choses.

RECHERCHE

La première icône de votre Dock-l'une des trois qui ne peuvent être ni supprimées ni déplacées- est l'icône du Finder est l'icône du Finder.

Finder est l'équivalent Mac de l'explorateur sur un ordinateur comme son nom l'indique, il trouve des choses. Le Finder est assez puissant et plein de ressources, c'est pourquoi cette section sera un peu plus longue que les autres, car il y a beaucoup de choses que vous pouvez faire avec lui.

Commençons par cliquer sur l'icône Finder de l'outil de recherche.

RECHERCHE RÉIMAGINÉ

Finder permet de retrouver des objets sur un Mac - un nom astucieux, n'est-ce pas ? Comme beaucoup de choses dans macOS, il y a des similitudes entre son fonctionnement sur Mac et sur iPhone. Mojave a toutefois ajouté quelques nouvelles fonctionnalités, toujours présentes dans Catalina, qu'il convient de connaître.

Vue de la galerie

Il existe plusieurs types de vues dans le Finder (où vous trouvez des choses comme l'explorateur de fichiers dans Windows). Voici quelques exemples de vues : liste, colonnes et icônes. La vue Galerie était une nouvelle vue dans Mojave que vous pouvez toujours voir dans Catalina.

La vue Galerie affiche un grand aperçu du fichier avec des vignettes de tous les autres fichiers du répertoire en dessous. Le terme "aperçu" ne s'applique pas uniquement aux images, dont vous pouvez voir l'aspect, mais à tous les types de documents. S'il s'agit d'un PDF, par exemple, vous pouvez voir un aperçu du PDF.

À droite du fichier, un panneau latéral vous indique les métadonnées détaillées du fichier.

Actions rapides

Apple est avant tout synonyme d'efficacité ; pour être plus efficace, il est utile de pouvoir faire les choses un peu plus rapidement. C'est là qu'interviennent les actions rapides. Les actions rapides vous permettent, par exemple, de modifier l'orientation d'un fichier ou d'ajouter une protection par mot de passe. Les actions disponibles dépendent du type de fichier.

AUTRES POINTS DE VUE

Il existe quatre autres façons d'afficher les dossiers sur votre Mac : icônes, listes, colonnes et Cover Flow. Différents affichages sont utiles pour différents types de fichiers, et vous pouvez changer d'affichage à l'aide des icônes Options d'affichage (illustrées ci-dessous).

Couvercle Vue de l'écoulement

Cover Flow vous permet de parcourir rapidement les vignettes et les aperçus des photos (c'est un peu comme Film Strip dans Windows) ; vous pouvez également trier n'importe quelle colonne en cliquant sur l'en-tête. Ainsi, si vous recherchez un fichier plus volumineux, cliquez sur la colonne Taille, ou si vous recherchez un fichier récent, choisissez la colonne Date de modification.

Vue des icônes

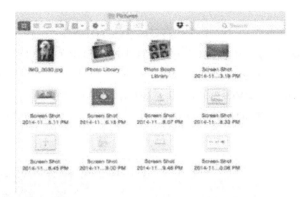

L'affichage des icônes peut vous aider à trier plusieurs fichiers images ou applications. Il vous donne soit une vignette de chaque image, soit une icône pour chaque fichier ou application.

Vue de la liste

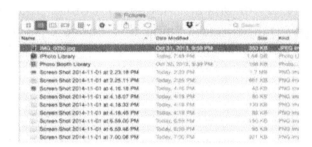

La vue en liste, en revanche, vous donne plus d'informations sur le fichier, y compris la date de sa dernière modification. C'est l'affichage idéal pour le tri.

Vue en colonnes

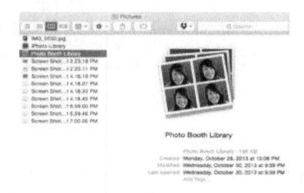

Enfin, la vue en colonnes est une sorte d'hybride entre la vue en liste et la vue en flux de couverture. Il affiche la hiérarchie des dossiers dans lesquels se trouve un fichier. Remarquez que Finder n'inclut pas le bouton Windows "L'affichage en colonnes est un bon moyen d'obtenir les mêmes résultats et de naviguer facilement dans la structure de vos fichiers.

TRI DANS LE FINDER

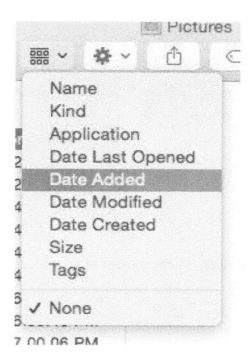

Finder vous offre de nombreuses possibilités de trier vos fichiers et dossiers. Vous pouvez les trier par nom, par type, par l'application requise pour ouvrir le fichier (comme Microsoft Word, par exemple), par la date de création, de modification ou d'ouverture du fichier, par la taille du fichier et par les balises que vous avez éventuellement appliquées.

GESTION DES FICHIERS

La plupart des tâches de gestion de fichiers dans OS X sont similaires à celles de Windows. Les fichiers peuvent être glissés et déposés, copiés, coupés et collés. Si vous devez créer un nouveau dossier, utilisez l'icône de l'engrenage dans Finderqui vous donnera l'option dont vous avez besoin.

Catalina vous permet également de renommer des fichiers par lots (c'est-à-dire de renommer plusieurs fichiers à la fois au lieu d'un seul), ce qui peut vous faire gagner des heures, en fonction de votre système de fichiers. Pour ce faire, sélectionnez les fichiers que vous souhaitez renommer (astuce : utilisez Commande-clic pour sélectionner plusieurs fichiers, ou Commande-A pour tout sélectionner). Cliquez ensuite avec le bouton droit de la souris (à deux doigts) sur les fichiers sélectionnés et choisissez "Renommer X éléments".

Vous aurez alors la possibilité de remplacer le texte ou d'ajouter du texte aux noms de fichiers.

FAVORIS

Si vous regardez sur le côté gauche de la fenêtre Finder vous verrez une barre latérale Favoris . Cette section comprend les dossiers les plus utilisés, tels que Documents, Images, Téléchargementset bien d'autres encore.

Pour ajouter une application ou un fichier à votre menu Favoris il suffit de le faire glisser dans la zone des favoris et de le déposer. Pour supprimer un élément des favoris, cliquez dessus avec le bouton droit de la souris (avec deux doigts) et sélectionnez Supprimer de la barre latérale.

NAVIGATION PAR ONGLETS

Apple s'est inspiré des navigateurs Internet en ajoutant une fonction appelée "Tabbed Browsing"au Finder. En gros, au lieu d'avoir plusieurs boîtes Finder ouvertes (comme c'était le cas dans les anciens systèmes d'exploitation), vous ouvrez des onglets. Pour ouvrir un onglet supplémentaire dans le Finder, appuyez sur Commande-T ou cliquez sur Fichier et Nouvel onglet.

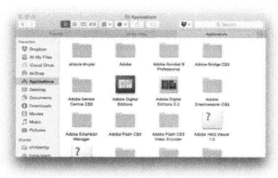

Si vous souhaitez fusionner toutes vos fenêtres à onglets, cliquez sur Fenêtres dans le menu Fichier en haut de l'écran, puis sur Fusionner toutes les fenêtres.

TAGS

Si vous utilisez des applications photo telles que Flickr, vous connaissez probablement le balisage, qui consiste à ajouter des sujets à votre fichier pour le rendre plus facile à trouver. Supposons que le fichier concerne l'année fiscale 2015 : vous pouvez ajouter une balise au fichier, intitulée "Impôts 2015" ou autre. Vous pouvez également lui attribuer un code couleur.

Pour attribuer une balise à un fichier (vous pouvez également l'attribuer à un dossier), cliquez sur le fichier/dossier avec deux doigts, puis cliquez sur balises ; s'il s'agit de votre première balise, tapez-la et appuyez sur Entrée ; si vous avez déjà balisé un fichier et souhaitez utiliser le même nom, cliquez sur le nom de la balise tel qu'il s'affiche.

[5]

COMMENT FAIRE LES CHOSES

Ce chapitre couvre les points suivants
* Configuration de l'Internet
* Naviguer avec Safari
* Mise en place et envoi du courrier électronique

Le Mac est une machine magnifique, mais vous ne pouvez pas l'admirer plus longtemps. Vous finirez par vouloir aller sur Internet : comment obtenir votre dose quotidienne de mèmes de chats ou rester en contact avec le prince nigérian qui essaie de vous donner de l'argent ? Je vous montrerai comment faire dans ce chapitre.

Il existe deux méthodes : Ethernet (c'est-à-dire en branchant un câble LAN à votre ordinateur) et sans fil.

CONFIGURATION AVEC ETHERNET

Tous les nouveaux ordinateurs Mac sont équipés du Wi-Fi; les iMacs disposent également de ports Ethernet pour brancher un câble réseau. Cette option n'est disponible sur aucun des ordinateurs portables Mac, bien que vous puissiez acheter un adaptateur si vous en avez absolument besoin.

Si vous disposez d'un modem Internet de base, l'installation est très simple. Il suffit de brancher un câble réseau sur votre concentrateur Internet et de brancher l'autre extrémité sur votre Mac. Une fois le câble branché, l'Internet devrait fonctionner.

Les nouveaux Mac sont équipés de radios sans fil haut de gamme pour le Wi-Fivous devriez donc pouvoir vous passer du port Ethernet. Ethernet.

CONFIGURATION D'UN RÉSEAU SANS FILS

La mise en place d'une connexion sans fil est également très simple. Il suffit de cliquer sur le menu Wi-Fi dans la barre de menus. Il ressemble à l'image ci-dessous et se trouve dans le coin supérieur droit :

Tant qu'il y a un réseau sans fil à portée, il s'affichera lorsque vous cliquerez dessus (il faut parfois quelques secondes pour qu'il apparaisse).

S'il y a un cadenas à côté du nom Wi-Fi vous devez connaître le code d'accès (s'il s'agit d'une connexion Internet à domicile, il se trouve généralement sous votre modem Internet ; s'il s'agit d'une connexion dans une entreprise, vous devez demander le code. S'il n'y a pas de verrou, il s'agit d'un réseau ouvert. On trouve généralement ce type de réseau dans des endroits comme Starbucks.

S'il s'agit d'un réseau verrouillé, dès que vous cliquez dessus, le code vous est demandé ; une fois que vous l'avez saisi et que vous cliquez sur Connect, vous êtes connecté (en supposant que vous l'ayez ajouté correctement) ; s'il n'est pas verrouillé, dès que vous cliquez dessus, il tente de se connecter.

SAFARI

Si vous avez déjà utilisé Safari, son apparence sera probablement un peu différente. En 2021, Apple a donné un coup de jeune à Safari pour le rendre encore plus ingénieux. Il est excellent sur MacOS, mais il est encore meilleur lorsque vous disposez d'un écosystème complet d'appareils (iPad et iPhone).

Découvrons l'anatomie du navigateur, puis son fonctionnement.

La barre d'outils supérieure semble assez dépouillée. Les apparences peuvent être trompeuses, car il y a beaucoup de choses ici. À l'extrême gauche se trouve le bouton du menu latéral, qui permet d'accéder aux onglets sauvegardés (nous y reviendrons), au mode d'affichage privé, à l'historique et à bien d'autres choses encore. Au milieu, vous pouvez taper ou rechercher un site web (le microphone vous permet de le dire au lieu de le taper) et, enfin, le bouton Plus vous permet d'ouvrir un nouvel onglet.

Les onglets ne ressemblent pas à des onglets dans MacOS. Dans l'exemple ci-dessous, il y a trois onglets ouverts. Celui du milieu est le site web ouvert, les deux plus petits (Page de démarrage et Amazon) sont les onglets ouverts, non actifs.

Il existe plusieurs façons de fermer un onglet. La première consiste à appuyer sur le X situé à côté du nom du site web (uniquement sur l'onglet actif) ; la seconde consiste à cliquer avec le bouton droit de la souris sur l'onglet, puis à sélectionner l'option "Fermer l'onglet".

Lorsque vous cliquez sur le bouton Plus et le maintenez enfoncé, vous obtenez une liste des onglets récemment fermés que vous pouvez rouvrir.

Si vous avez besoin d'ouvrir un onglet privé (c'est-à-dire une fenêtre d'onglet qui ne garde pas trace de vos mots de passe ou de votre historique - c'est idéal pour faire des achats de cadeaux si vous partagez un appareil), allez dans Fichier>Nouvelle fenêtre privée.

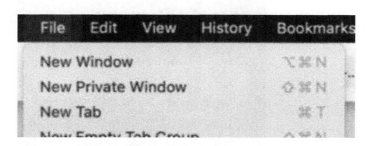

Options du site web

Lorsque vous cliquez sur les trois points de la page que vous êtes en train de visiter, plusieurs options supplémentaires s'offrent à vous. C'est ici que vous pourrez ajouter la page à vos signets ou à vos favoris (les favoris s'affichent chaque fois que vous démarrez Safari après l'avoir fermé - c'est ce que l'on appelle votre "page de démarrage"). Vous pouvez également partager la page avec quelqu'un, modifier la taille du texte et afficher un rapport de confidentialité. Le rapport de confidentialité affiche tous les traceurs d'une page, ce qui vous permet de savoir quelles informations une entreprise recueille sur vous.

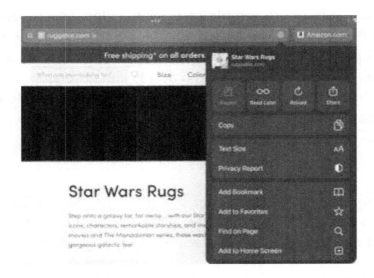

Options de menu

À l'extrême gauche se trouve l'option permettant d'afficher le volet de menu. Le menu peut s'afficher au fur et à mesure que vous naviguez, ou vous pouvez le réduire une fois que vous avez trouvé ce que vous cherchiez.

Il y a plusieurs choses que vous pouvez faire ici. Tout d'abord, les onglets de groupe ; les onglets de groupe sont très complexes, et je les aborderai dans la section suivante. La page de démarrage est votre page d'accueil ; l'option Privé transforme votre navigateur en une expérience de navigation privée où votre historique Web et vos mots de passe ne sont pas sauvegardés.

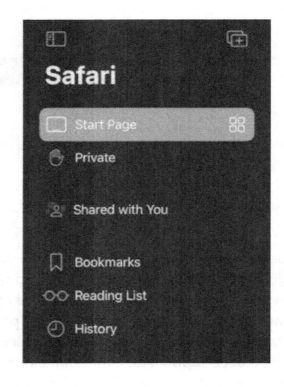

Partagé avec vous

Shared With You (Partagé avec vous) est l'endroit où vous verrez les choses qui ont été partagées récemment. Par exemple, ma femme et moi partageons beaucoup de liens par texte. Lorsqu'elle en envoie un, il s'affiche automatiquement ici. Ainsi, je n'ai pas besoin de parcourir des dizaines de messages pour trouver la page qu'elle a mentionnée : elle a déjà été enregistrée.

Si vous souhaitez supprimer le lien, appuyez et maintenez votre doigt sur l'aperçu de la page. Plusieurs options s'affichent alors, dont l'une est la suppression. Vous pouvez également utiliser les options suivantes : répondre au message, ouvrir en arrière-plan ou copier le lien.

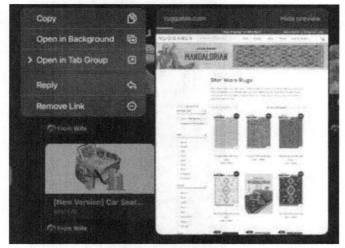

Signets Safari

Les signets sont des pages que vous sauvegardez parce que vous les consultez régulièrement. Lorsque vous commencez à avoir beaucoup de signets, il est judicieux de les classer dans des dossiers organisés.

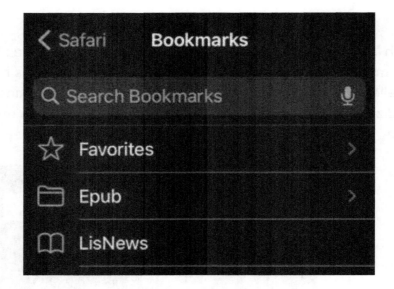

Pour créer un dossier, il vous suffit d'aller en bas de la page, dans la rubrique "Édition", puis de sélectionner "Nouveau dossier". Lorsque vous avez sélectionné Modifier, vous pouvez également supprimer des signets et les déplacer dans des dossiers.

Vous pouvez placer des dossiers dans des dossiers lorsque vous les créez.

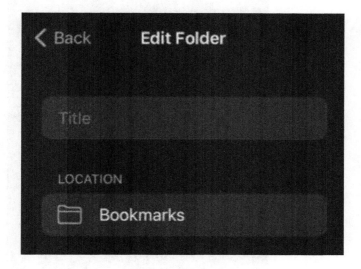

Histoire du web

Si vous n'utilisez pas le mode privé, tout votre historique est sauvegardé, ce qui est utile si vous oubliez un site web que vous avez visité, mais que vous savez quel jour vous l'avez visité. Si vous souhaitez effacer votre historique, il vous suffit d'appuyer sur l'option Effacer en bas de la page lorsque vous consultez votre historique.

Groupe d'onglets

Les onglets peuvent être vos meilleurs amis. Les groupes d'onglets sont l'évolution de cet ami. Les groupes d'onglets sont une sorte de combinaison de signets et d'onglets. En fait, vous enregistrez tous vos onglets dans un groupe. Par exemple, vous pouvez avoir un groupe appelé "Shopping" et lorsque vous cliquez dessus, comme par magie, tous vos sites web de shopping préférés s'ouvrent dans des onglets.

Pour commencer, ouvrez tous les onglets que vous souhaitez inclure dans votre groupe, puis allez dans le menu de gauche, cliquez sur le bouton + dans le menu latéral et sélectionnez Nouveau groupe d'onglets vides.

Saisissez le nom de votre groupe. N'oubliez pas d'être descriptif, afin que vous sachiez à quoi sert votre groupe d'onglets.

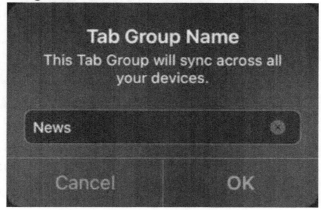

Tous les onglets sont maintenant enregistrés dans votre groupe ; dans l'exemple ci-dessous, il y a deux groupes d'onglets ; lorsque je passe de l'un à l'autre, de nouveaux onglets s'ouvrent.

Vous pouvez apporter des modifications à votre groupe en tapant dessus et en le maintenant enfoncé.

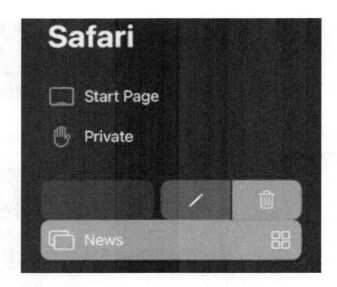

Si vous souhaitez qu'un nouvel onglet s'affiche à cet endroit, il vous suffit d'ouvrir l'onglet lorsque vous êtes dans ce groupe et il sera automatiquement sauvegardé dans le groupe.

Profils Safari

Proiles est l'évolution de Safari. Cette fonction pratique, disponible à partir de Safari 17, vous permet d'avoir des expériences de navigation distinctes pour différents sujets comme le travail, l'école ou les affaires personnelles. Chaque profil possède son propre historique, ses cookies, ses données de site web, ses extensions, ses groupes d'onglets et ses favoris. Voici comment vous pouvez gérer tout cela :

Création d'un profil

1. Ouvrez Safari et allez dans la barre de menu, sélectionnez Safari > Créer un profil ou Safari > Paramètres, puis cliquez sur Profils.
2. Cliquez sur "Commencer à utiliser les profils" et configurez votre nouveau profil en lui donnant un nom, en choisissant un symbole, une couleur et en gérant vos favoris. Cliquez ensuite sur "Créer un profil".
3. Le tour est joué ! Safari ouvre par défaut de nouvelles fenêtres et de nouveaux onglets sur votre page d'accueil.

Passer d'un profil à l'autre

Après avoir créé un profil, un bouton apparaît dans la barre d'outils de Safari, indiquant votre profil actuel. En cliquant sur ce bouton, vous pouvez soit ouvrir une nouvelle fenêtre dans ce profil, soit passer à un autre profil sans ouvrir de nouvelle fenêtre. Sympathique, non ?

Personnalisation et gestion des profils

Certaines fonctionnalités de Safari sont partagées entre les profils, d'autres non. Par exemple, l'historique de navigation et les cookies sont conservés séparément, mais le remplissage automatique et les mots de passe sont partagés.

Vous pouvez renommer un profil à tout moment en allant dans Safari > Gérer les profils, en sélectionnant un profil et en tapant un nouveau nom dans le champ Nom.

Les extensions Safari sont disponibles pour tous les profils, mais vous pouvez les gérer séparément pour chacun d'entre eux.

Synchronisation des profils entre appareils

Vos profils seront automatiquement synchronisés sur tous vos appareils utilisant le même identifiant Apple et ayant activé Safari dans les réglages iCloud. Pratique pour ceux d'entre nous qui possèdent plusieurs appareils Apple !

Ouverture de liens avec des profils

Vous pouvez faire en sorte que les liens provenant de sites web spécifiques s'ouvrent dans un profil désigné. Il vous suffit de visiter le site web, d'aller dans Safari > Réglages > Sites web, de sélectionner "Ouvrir les liens avec des profils" et de choisir le profil que vous souhaitez dans le menu contextuel situé à côté du site web.

Suppression d'un profil

Vous n'avez plus besoin d'un profil ? Allez dans Safari > Gérer les profils, sélectionnez le profil et cliquez sur le bouton Supprimer. Mais n'oubliez pas que vous ne pouvez pas supprimer votre profil par défaut !

Applications Web

En plongeant dans macOS, vous découvrirez une fonctionnalité intéressante qui vous permet de créer des applications web à partir de vos sites web préférés en utilisant Safari. Ces applications web peuvent être placées dans le Dock, comme les autres applications. Voyons par exemple comment transformer Google.com en une application Mac astucieuse !

Transformer un site web en application web

1. Ouvrez Safari et rendez-vous sur le site web de votre choix - Google dans cet exemple.

2. Allez dans la barre de menu, sélectionnez File -> Add to Dock (Fichier -> Ajouter au dock).

3. Vous voulez une autre icône ou un autre nom ? Vous pouvez les modifier avant de cliquer sur le bouton bleu "Ajouter".

L'application web vous permet de vous déplacer sur le site web de l'hôte, mais si vous cliquez sur un lien vers un autre hôte, celui-ci s'ouvre dans Safari.

Vous n'en voulez plus ? Déposez-le dans votre corbeille.

Logins, notifications et vie privée

Lorsque vous créez une application web, Safari s'assure que vous restez connecté en copiant les cookies du site web. Apple a également intégré le remplissage automatique des mots de passe et des clés pour faciliter la connexion. Si le site web dispose de notifications push, vous les recevrez dans votre application web, accompagnées de l'icône du site web pour le contexte. Ces notifications et leurs sons peuvent être gérés dans Réglages système -> Notifications.

Les distractions vous inquiètent ? Les applications web respectent les modes Focus, qui vous permettent de gérer les notifications en fonction de votre activité. Et pour les personnes soucieuses de leur vie privée, macOS vous permet de contrôler l'accès d'une application web à votre caméra, votre microphone et votre position dans Paramètres système -> Confidentialité et sécurité, tout comme avec les applications natives.

COURRIER

Mail est l'équivalent Mac d'Outlook ; comme Safariil fonctionne de manière très similaire à l'iPad et à l'iPhone. Apple vous fournira une adresse électronique gratuite qui se termine par @icloud.com, mais vous pouvez également ajouter des adresses électroniques normales dans l'application (comme Hotmail, Yahoo et Gmail).

Ajout de comptes

Pour commencer, vous devez ajouter votre compte de messagerie. Localisez l'application Mail en cliquant sur Launchpadpuis en cliquant sur l'icône de l'application Mail.

Une fois l'application ouverte, allez dans la barre de menu supérieure et cliquez sur Courrier > Ajouter un compte. La boîte de dialogue Ajouter un compte s'affiche.

Sélectionnez le fournisseur que vous souhaitez ajouter (Remarque : vous pouvez revenir en arrière et ajouter autant de comptes que vous le souhaitez) et cliquez sur Continuer. Ensuite, on vous demandera votre nom, votre adresse électronique et votre mot de passe. et votre mot de passe.

Si vous utilisez un fournisseur de courrier électronique courant, la configuration est assez simple. Si vous utilisez une messagerie professionnelle, vous devrez probablement travailler avec votre administrateur système pour l'ajouter correctement.

Une fois qu'il est configuré, vous devriez commencer à voir le courrier s'afficher sur votre ordinateur.

Envoi d'un courriel

Maintenant que vous avez ajouté un compte, vous pouvez commencer à envoyer des messages. Pour envoyer un message, vous pouvez soit appuyer sur la touche Command-N de votre clavier, soit aller dans le menu supérieur et sélectionner Fichier et Nouveau message, soit cliquer sur l'icône Composer (qui ressemble à un crayon traversant un carré).

La boîte de dialogue Nouveau message apparaît. Dans le champ À, saisissez la ou les adresses électroniques auxquelles vous souhaitez envoyer un message, ajoutez un objet et un message, puis cliquez sur l'avion en papier dans le coin supérieur gauche lorsque vous êtes prêt à envoyer le message.

Vous pouvez également ajouter une mise en forme au message en cliquant sur le bouton "A". La mise en forme est très simple : vous pouvez mettre en gras, ajouter de l'italique, souligner et changer la couleur.

Focus

Les ordinateurs peuvent nous distraire des choses que nous devrions faire. Pour vous aider, il existe un mode Focus. Pour y accéder, cliquez sur le panneau de configuration dans le coin supérieur droit de l'écran, puis sur Focus.

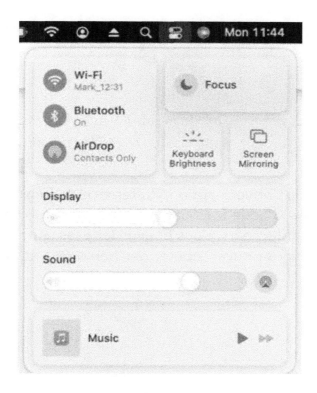

Il existe plusieurs modes de mise au point, chacun avec des paramètres différents. Certains envoient des notifications, mais pas d'appels, par exemple.

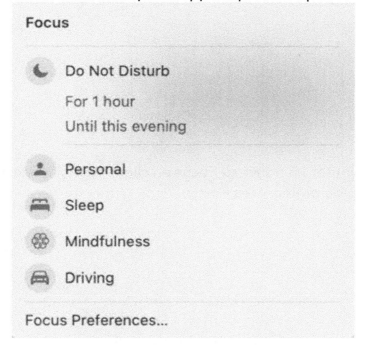

Lorsque vous cliquez sur votre Focus, vous pouvez sélectionner la durée pendant laquelle vous souhaitez qu'il soit activé.

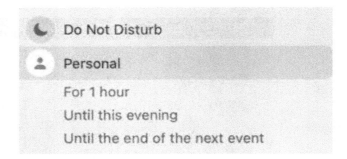

Si vous cliquez sur la dernière option, Préférence de focalisation, vous pouvez voir des informations sur ce que chaque focalisation inclut - si, par exemple, elle autorise les messages de certains utilisateurs. Vous pouvez faire les ajustements nécessaires - en cliquant sur l'icône +, vous pouvez ajouter des personnes et des heures, par exemple.

Vous pouvez ajouter un nouveau Focus en cliquant sur l'icône + dans le coin inférieur gauche de la boîte de préférences Focus.

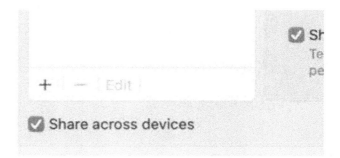

Cliquez sur l'option personnalisée lorsque vous y êtes invité.

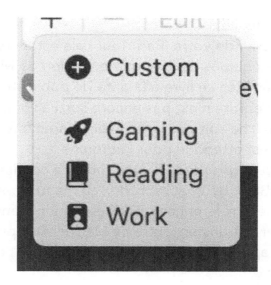

Donnez un nom à votre Focus, choisissez les couleurs et définissez une icône, puis cliquez sur le bouton bleu Ajouter dans le coin inférieur droit.

Il sera alors ajouté et vous pourrez le modifier. Il sera également disponible sur tous les autres appareils auxquels vous êtes connecté avec iCloud.

CONTRÔLE UNIVERSEL

Certaines personnes aiment investir dans l'écosystème Apple - et qui peut les en blâmer ? Les produits Apple sont excellents. Ils possèdent donc un iMac, un MacBook et un iPad. Apple comprend ces utilisateurs et a créé une fonctionnalité appelée Contrôle universel. Le contrôle universel vous permet de partager facilement des objets (des fichiers et images aux claviers et trackpads). Qu'est-ce que cela signifie ? Imaginons que vous ayez un MacBook et un iPad mini. Lorsque cette fonction est activée, vous pouvez ouvrir Pages sur votre iPad et faire glisser une image de votre MacBook vers votre iPad mini. Vous pouvez également partager le trackpad et le clavier de votre MacBook avec votre iPad.

Son utilisation est assez simple. Placez votre iPad à côté de votre MacBook et assurez-vous qu'ils sont sur le même réseau sans fil et que le Bluetooth est activé - ou connectez l'iPad au MacBook avec un USB-C, puis faites glisser votre souris jusqu'au bord de l'écran pour la déplacer sur l'écran de votre iPad. Tout cela est assez intuitif. Les deux appareils doivent également être équipés de la dernière version de MacOS (OS Monterey) et d'iPadOS (OS15). Si vous lisez ce livre à la date de publication, c'est une mauvaise nouvelle pour vous, car MacOS Ventura n'est pas encore sorti à l'heure où nous écrivons ces lignes. Il se peut également qu'il ne soit pas lancé avec la première mise à jour du système d'exploitation. Celle-ci est attendue pour l'automne.

Si vous souhaitez vous y préparer, il vous suffit de configurer quelques éléments. Tout d'abord, sur votre MacBook ou iMac, accédez au menu Apple dans le coin supérieur gauche, puis sélectionnez Préférences système et enfin Général. Dans le menu Général, cochez la case Autoriser le transfert entre ce Mac et vos appareils iCloud. Ensuite, sur votre iPad, allez dans l'application Réglages, puis Général ; activez ensuite AirPlay & Handoff s'il est désactivé.

RACCOURCIS

L'application mobile Shortcuts est très populaire ; elle est désormais disponible sur Mac. Elle vous permet de créer des tâches automatisées pour vous aider à travailler davantage. Vous trouverez l'application Raccourcis dans le Launchpad.

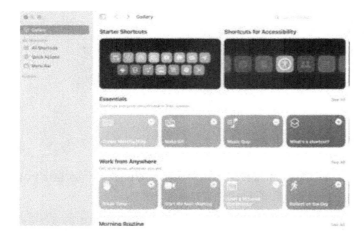

Live Text (Photos)

Les photos deviennent plus intelligentes dans Ventura. Vous pouvez désormais faire plus que regarder votre beau visage ! Vous pouvez tirer des informations de la photo ! Qu'est-ce que je veux dire par là ? Prenons une photo de l'un de mes chiens lorsqu'il était chiot. Adorable, n'est-ce pas ? Mais de quel type de chien s'agit-il ?

Avec Live photos, vous pouvez le découvrir ! Allez dans la barre supérieure, puis cliquez sur l'icône "i" avec les étoiles.

S'il y a quelque chose dans cette photo que Live photo capte, vous verrez alors une petite icône planer au-dessus de la photo. Dans ce cas, il s'agit d'une petite empreinte de patte. Cela devrait vous indiquer qu'il pense qu'il s'agit d'une sorte d'animal.

Lorsque je clique sur l'icône, une fenêtre contextuelle s'affiche et me dit qu'il ne s'agit pas seulement d'un chien, mais d'un terrier Jack Russell.

Il n'y a pas que les chiens qui sont concernés par ce type de recherche. Il fonctionne aussi pour les points de repère et d'autres choses.

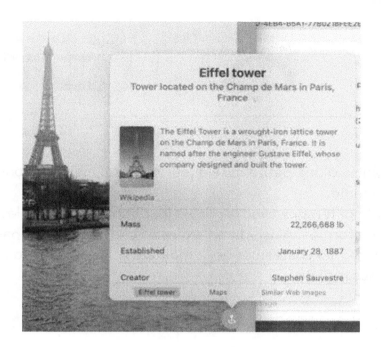

Dans la photo ci-dessous d'un livre audio, le nom du livre, l'auteur (hé, regardez ! C'est mon nom de plume !), une description et l'endroit où l'on peut l'acheter s'affichent.

C'est plutôt intelligent, non ? Mais ce n'est pas tout ! Il reconnaît également le texte. Vous pouvez mettre des mots en surbrillance sur une photo de la même manière que vous le feriez n'importe où ailleurs : il vous suffit de faire glisser votre souris dessus ! Ainsi, si vous avez une couverture de livre, comme dans l'exemple ci-dessous, vous n'avez pas besoin de taper le nom pour le rechercher. Vous pouvez simplement le mettre en surbrillance, puis le copier et le coller ! Il vous suffit de cliquer avec le bouton droit de la souris et de sélectionner Copier dans le menu (ou d'appuyer sur Commande+C sur votre clavier).

CARTES

Maps a bénéficié d'une petite mise à jour Ventura, mais son fonctionnement reste globalement le même.

La plus grande différence avec la mise à jour Ventura est que les bâtiments ont désormais plus de formes. Ainsi, dans l'exemple ci-dessous d'un parc d'attractions, vous pouvez voir la forme du château et de la montagne. Cette fonctionnalité n'est disponible que dans certaines régions.

Si la ville a été configurée, vous pourrez voir plus de détails sur les voies pour vous aider à naviguer dans la ville et à savoir quelles voies emprunter. Si vous ne voyez pas ce détail, c'est que la ville n'a pas encore été configurée.

CONFÉRENCE

La superposition du présentateur et les réactions rendent votre expérience de la vidéoconférence plus agréable et plus interactive !

Comment utiliser la superposition du présentateur

Auparavant, lorsque vous participiez à une réunion Zoom ou Teams en partageant votre écran, les participants ne voyaient que votre présentation. Avec la superposition du présentateur, ils peuvent voir soit une petite boîte ronde avec votre flux vidéo, soit une grande version de vous devant l'écran.

Permettez-moi de vous montrer ce que je veux dire. En zoom, voici à quoi ressemblerait la petite version avec la superposition du présentateur activée.

Et voici à quoi ressemblerait le grand modèle.

Comment faire ? Apprenons-le :

1. Ouvrez une application compatible : Commencez par ouvrir une application de vidéoconférence qui prend en charge la superposition Presenter, telle que FaceTime, Zoom ou Teams.

2. Lancez le partage d'écran : Une fois dans l'application, lancez la fonction de partage d'écran.

3. Choisissez la taille de la superposition : Cliquez sur l'icône de partage d'écran dans la barre de menu. Vous verrez les options Petit ou Grand dans la rubrique Superposition du présentateur. En sélectionnant l'une de ces options, vous obtiendrez un aperçu de votre vidéo superposée à l'écran. Voici ce que cela donnerait dans Zoom.

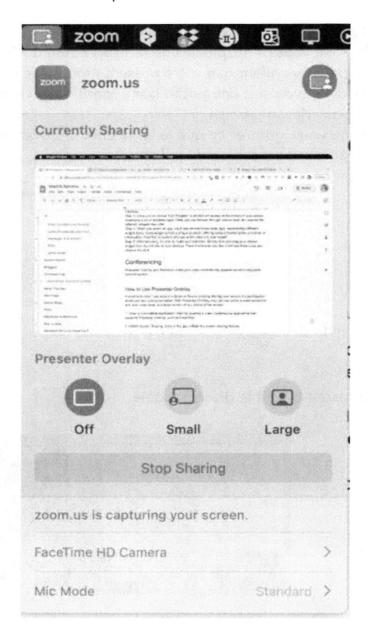

4. Se positionner : En mode Large, vous apparaissez devant le contenu. En mode Petit, vous serez dans une bulle redimensionnable et mobile sur l'écran.

5. Personnalisez votre présentation : Cette fonction innovante permet à votre public de vous voir en même temps que le contenu, ajoutant ainsi une touche personnelle à votre présentation.

Comment utiliser les réactions

Les réactions sont un moyen facile de répondre à ce que dit quelqu'un. Si vous aimez ou êtes d'accord avec un présentateur, un pouce levé indiquera cette réaction à l'écran. Pour l'activer, procédez comme suit.

1. Localisez l'option Réactions : Lors d'un appel vidéo, recherchez l'option Réactions dans votre application de visioconférence.

2. Choisissez votre réaction : Sélectionnez la réaction que vous souhaitez afficher dans votre vidéo. macOS Sonoma propose des effets de qualité cinématographique tels que des ballons, des confettis et des cœurs.

3. Geste ou clic : Vous pouvez configurer des réactions déclenchées par des gestes et utiliser des gestes de la main, comme un pouce levé, pour les afficher. Vous pouvez également cliquer sur la réaction pour l'afficher dans votre vidéo.

CAMÉRA DE CONTINUITÉ

L'une des choses que j'aime le plus dans l'écosystème Apple, c'est la façon dont les appareils fonctionnent les uns avec les autres ; cela devient de plus en plus vrai avec chaque mise à jour du système d'exploitation.

Le MacBook est doté d'une bonne webcam. Mais vous savez ce qui a une meilleure webcam ? Votre iPhone ! Imaginez que l'objectif de l'appareil photo situé au dos de celui-ci puisse vous capturer. Soudain, vos conférences sont passées de la HD à la 4K ! Ce qui est encore plus agréable, c'est que maintenant, Center Stage est sur l'iPhone, ce qui signifie que la caméra reste concentrée sur vous lorsque vous vous déplacez.

Une fonction aussi cool nécessite probablement une énorme quantité d'installation, n'est-ce pas ? Non ! Vous avez déjà entendu cette phrase d'Apple : "Ça marche, c'est tout" ? Eh bien, cette fonction... fonctionne tout simplement ! (Tout ce que vous avez à faire, c'est de vous assurer que votre ordinateur et votre iPhone se trouvent sur le même réseau sans fil.

Laissez-moi vous montrer comment cela fonctionne dans Zoom. Voici à quoi je ressemble sur mon MacBook sans mon iPhone :

Ce n'est pas mal. Maintenant, je vais dans l'onglet vidéo de Zoom et je sélectionne mon iPhone comme caméra. Vous devriez voir une liste de toutes les webcams disponibles. L'une d'entre elles sera le nom de votre iPhone suivi de "Camera" ; c'est celle que vous voulez.

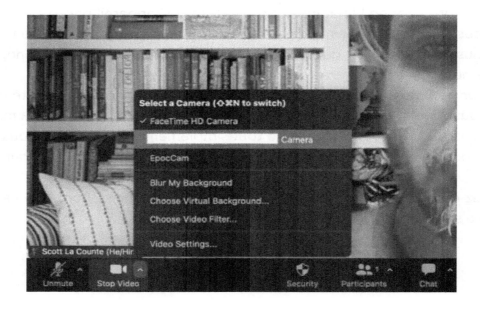

Vous entendrez un petit bruit de cloche, puis, après une ou deux secondes, l'appareil photo de votre iPhone apparaîtra.

La différence est assez stupéfiante : mon bureau n'est pas très bien éclairé, mais lorsque je passe à mon iPhone pour les réunions, l'image est non seulement plus claire, mais l'éclairage est parfait.

L'exemple ci-dessus est celui de Zoom, mais la fonction fonctionne avec la plupart des applications de vidéoconférence (FaceTime, Microsoft Teams, etc.).

Il existe toutes sortes de façons de monter un appareil photo pour y parvenir, mais la solution proposée par Apple est le support Belkin, qui coûte 29,99 $ et s'appelle "iPhone Mount with MagSafe for Mac Notebooks" (support pour iPhone avec MagSafe pour ordinateurs portables Mac).

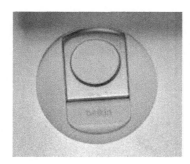

Il est très petit et se clipse facilement à l'arrière de votre téléphone, puis se glisse sur votre MacBook.

[6]

APPLICATIONS

Ce chapitre couvre les points suivants
- Appels téléphoniques
- Contacts
- Message
- FaceTime
- Photomaton
- Calendrier
- Rappels
- Notes
- iTunes
- App Store
- Siri

Maintenant que vous savez comment fonctionne Mac (et comment trouver des mèmes de chats), je vais vous parler des programmes préinstallés.

APPELS TÉLÉPHONIQUES

Les produits Apple fonctionnent mieux avec d'autres produits Apple ; c'est encore plus vrai avec Catalina, où vous pouvez synchroniser votre compte iPhone pour passer des appels téléphoniques (vidéo et ordinaires) et envoyer des messages directement depuis votre Mac. En outre, vous pouvez même utiliser la connexion de données de votre iPhone pour accéder à Internet sur votre ordinateur portable en déplacement - ce qui est particulièrement pratique en voyage si vous ne voulez pas payer pour les points d'accès Wi-Fi qui facturent l'accès (gardez à l'esprit que votre connexion de données a des limites mensuelles et que l'utilisation d'un ordinateur peut dépasser ces limites très rapidement - en d'autres termes, ce n'est probablement pas quelque chose que vous voulez faire pour regarder des films Netflix en streaming).

CONTACTS

À moins que vous ne soyez un homme d'affaires, il peut sembler inutile d'avoir des contacts sur votre ordinateur ; voici l'avantage : ils sont synchronisés avec votre téléphone. Ainsi, si vous avez un contact sur votre ordinateur, il sera transféré sur vos autres appareils mobiles. Pour l'utiliser, accédez à votre Launchpadpuis cliquez sur l'icône.

Si vous êtes connecté à iCloudvous devriez déjà avoir des dizaines de contacts. Pour créer un nouveau contact, cliquez sur le bouton (+) en bas de la fenêtre principale. Sur l'écran suivant, ajoutez toutes les informations que vous souhaitez - vous pouvez en mettre autant ou aussi peu que vous le souhaitez. Certains contacts n'ont besoin que de l'adresse de leur site web, d'autres d'une adresse postale - c'est vous qui décidez de la quantité d'informations à ajouter. Vous pouvez également modifier un contact en trouvant son nom, puis en cliquant sur le bouton Modifier. Si vous souhaitez supprimer quelqu'un, recherchez son nom et appuyez sur le bouton Supprimer de votre clavier (vous pouvez également supprimer en cliquant sur son nom avec deux doigts).

MESSAGE

Lorsque vous utilisez Messages depuis votre Mac pour envoyer des messages, gardez à l'esprit qu'il s'agit d'une sorte de messagerie instantanée pour les utilisateurs de Mac, c'est-à-dire qu'elle est conçue pour fonctionner avec les produits Mac... rien d'autre.

Configuration du message

1. Pour configurer Message, cliquez sur l'icône Messages pour le lancer.
2. Si vous étiez déjà connecté à iCloud sur le Mac, vous serez automatiquement connecté à Message.
3. Si vous souhaitez modifier ce compte ou si vous n'êtes pas encore connecté, sélectionnez Messages > Préférences dans la barre de menu supérieure.
4. Lorsque la boîte de dialogue Comptes s'affiche, cliquez sur l'onglet Comptes.
5. Dans la fenêtre de gauche, vous verrez Message. Sélectionnez-le.
6. L'écran suivant vous invite à saisir l'adresse électronique et le mot de passe associés à iCloud. Faites-le et cliquez sur le bouton bleu Sign In pour terminer la procédure d'installation.

Configuration d'autres clients de messagerie instantanée

Message est conçu pour les produits Mac, mais vous pouvez l'utiliser pour d'autres services de messagerie tels que Google, Yahoo et AOL.

Pour ajouter d'autres clients de messagerie instantanée à Messages :

1. Ouvrez Messages s'il n'est pas déjà lancé.
2. Dans la barre de menu supérieure, cliquez sur Messages > Ajouter un compte.

3. Sélectionnez le type de compte que vous souhaitez ajouter, par exemple Gmail ou Yahoo, puis cliquez sur Continuer.
4. Vous serez invité à saisir l'adresse électronique et le mot de passe appropriés, puis à cliquer sur le bouton Configurer pour terminer.

Maintenant que le système est en place, comment envoyer un message ?

Démarrer une nouvelle conversation

1. Avant de commencer, jetez un coup d'œil à l'ensemble de l'écran Messages dans son ensemble. Il doit être totalement vide, sans aucune conversation. Dans la barre latérale de gauche, il est indiqué "Pas de conversations". C'est là que vous pourrez passer d'une conversation à l'autre en cliquant sur chacune d'entre elles. Sur le côté droit, vous verrez également No Conversation Selected (Aucune conversation sélectionnée). C'est ici que vous pourrez taper de nouveaux messages et lire tout ce qui se trouve dans la conversation sélectionnée. Si vous avez un iPhone (ou n'importe quel téléphone d'ailleurs), cela ressemblera à l'écran sur lequel vous lisez vos messages texte.

2. Pour créer une nouvelle conversation avec quelqu'un, cliquez sur le bouton Composer un nouveau message situé en haut de la barre latérale gauche, à côté de la barre de recherche. Il doit ressembler à un petit crayon à l'intérieur d'un carré.

Lorsque vous recevez un message, si le son est activé, vous entendrez un petit carillon.

Tapbacks

Si vous avez utilisé les autocollants sur l'iPad et l'iPhone, vous serez peut-être déçu de constater que cette fonctionnalité n'est pas encore disponible sur MacOS. Il y a une fonctionnalité qui vient d'iOS : Les Tapbacks. Les tapbacks vous permettent de répondre à un message pour indiquer que vous aimez ce qu'il dit ou que vous êtes d'accord avec lui. Pour l'utiliser, cliquez avec le bouton droit de la souris (à deux doigts) sur n'importe quel message et sélectionnez votre réponse.

Épingler des messages

Si vous envoyez beaucoup de messages, il peut être un peu fastidieux de répondre. Le mode de fonctionnement de Messages les conversations les plus récentes sont placées en haut de l'écran. Cela fonctionne généralement bien, mais vous pouvez aussi épingler vos favoris en haut de l'écran.

Dans l'exemple ci-dessous, ma femme est épinglée en haut des conversations. Même si d'autres personnes m'ont écrit plus récemment, elle sera toujours en haut (à moins que je ne la supprime). Il est donc facile d'y répondre.

Pour ajouter ou supprimer quelqu'un du haut de la page, faites glisser votre souris sur le message, puis appuyez sur l'épingle.

Si vous souhaitez les supprimer, cliquez avec le bouton droit de la souris sur le message et sélectionnez Désépingler.

Plusieurs personnes peuvent être épinglées en haut de la page. Personnellement, je trouve que trois personnes suffisent, mais vous pouvez en ajouter encore plus.

Étiquetage des messages

Si vous avez utilisé des programmes de messagerie tels que Slack, vous êtes probablement familier avec le fait de marquer quelqu'un dans une conversation. Le marquage attire l'attention de la personne et démarre un nouveau fil de discussion dans la conversation.

Ainsi, si vous participez à un échange important de messages textuels, lorsque vous marquez quelqu'un, tout le monde peut le lire, mais tout le monde n'en est pas averti. C'est donc un peu moins gênant.

Pour marquer quelqu'un dans une conversation, il suffit de mettre un @ devant son nom lorsque vous lui répondez.

Répondre aux messages

Vous pouvez évidemment répondre à un message en tapant le message dans la boîte et en appuyant sur la touche retour de votre clavier. Mais cela ne permet de répondre qu'au dernier message. Que se passe-t-il si le message remonte à plusieurs fils de discussion ?

Ou s'il s'agit d'un groupe et que vous souhaitez répondre à un message particulier d'une personne spécifique ?

Pour répondre à un message situé plus haut, cliquez avec le bouton droit de la souris sur ce message, puis sélectionnez Répondre.

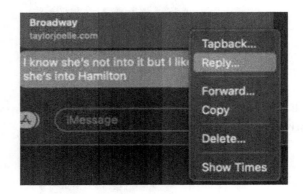

Le message s'affiche alors avec une réponse en dessous.

Il apparaîtra également comme le dernier message envoyé, mais avec une flèche indiquant à l'utilisateur que vous avez répondu à quelque chose en particulier.

Envoi de photos

Lorsque vous envoyez des groupes de photos, Messages présente les photos de moins de trois à la verticale. Touchez-les pour les agrandir.

Si vous envoyez plus de trois photos, elles s'empilent les unes sur les autres et vous devez les parcourir.

Modifier et annuler les messages

Vous avez fait une faute de frappe dans un message ? Ou peut-être regrettez-vous de l'avoir envoyé. Vous pouvez annuler un message et le modifier... en quelque sorte. Il y a toutefois quelques mises en garde importantes à ce sujet. Premièrement, il doit s'agir d'un message que vous avez envoyé récemment, et non d'un message envoyé il y a plusieurs heures. Deuxièmement, la personne à l'autre bout du fil doit avoir le système d'exploitation actuel. Troisièmement, l'autre personne est également informée que le message n'a pas été envoyé ou qu'il a été modifié. Ne pensez donc pas pouvoir dire à votre interlocuteur que vous n'avez jamais dit cela.

Pour l'utiliser, cliquez avec le bouton droit de la souris sur le message, puis sélectionnez l'option souhaitée. Si vous ne voyez pas l'option, c'est qu'il s'est écoulé trop de temps.

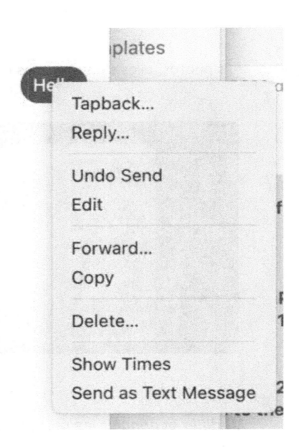

FaceTime

FaceTime vous permet de communiquer avec vos amis et votre famille en utilisant la caméra intégrée à votre ordinateur. J'ai entendu des gens dire qu'ils étaient tellement inquiets que quelqu'un les observe à travers leur webcam qu'ils la recouvraient de ruban adhésif. Lorsque FaceTime est utilisé (c'est-à-dire lorsque la caméra est allumée et que les gens peuvent vous voir), une lumière verte brillante s'allume : vous n'avez donc pas à vous inquiéter que des gens vous espionnent... si vous ne voyez pas la lumière, c'est que la caméra est éteinte.

L'application peut être lancée en cliquant sur Launchpad > FaceTime.

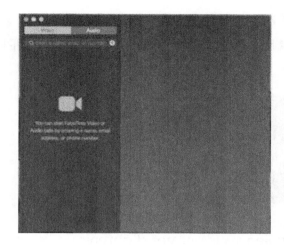

Sur le côté gauche, vous pouvez saisir le nom d'une personne si elle figure dans vos contactsou un numéro de téléphone. Pour que FaceTime fonctionne, l'autre personne doit également disposer d'un appareil Apple et accepter votre appel.

Vous pouvez également utiliser FaceTime audio. Cela vous permet d'appeler quelqu'un sans caméra, il s'agit essentiellement d'un appel téléphonique Wi-Fi Wi-Fi.

Utiliser FaceTime pour garder la famille unie

Comment faire en sorte que les gens restent ensemble lorsqu'ils sont séparés ? C'est une question à laquelle Apple a profondément réfléchi. FaceTime sur Mac semble plus performant que jamais. Plus tard, à l'automne 2021, vous pourrez regarder des films ensemble, écouter de la musique ensemble et même résoudre des problèmes en partageant l'écran de votre appareil. C'est ce qu'on appelle SharePlay. Malheureusement, certaines de ces fonctionnalités ne seront disponibles que plus tard, à l'automne, et ce guide pédagogique ne peut donc pas les inclure à ce stade.

Pour commencer, ouvrez l'application FaceTime à partir de votre pavé de lancement.

Deux options s'offrent à vous : Créer un lien ou Nouvel appel FaceTime. La création d'un lien permet à une personne qui n'a pas de Mac ou d'appareil Apple de participer à l'appel.

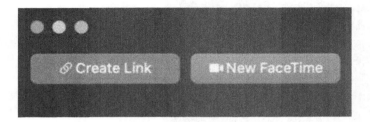

Le bouton Créer un lien vous permet d'obtenir un lien partageable que vous pouvez transmettre à d'autres personnes. Ils pourront ainsi l'ouvrir dans Chrome sur un ordinateur Windows. Il vous suffit de cliquer sur le bouton "Copier" et de le coller à l'endroit où vous voulez que les gens le voient. Vous pouvez également appuyer sur Ajouter un nom pour lui donner un nom.

Si vous préférez appeler quelqu'un directement, appuyez sur le bouton vert Nouveau FaceTime et saisissez son nom.

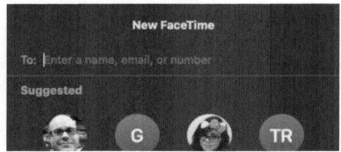

La boîte de prévisualisation se trouve dans le coin inférieur, mais elle peut être déplacée n'importe où sur l'écran en la touchant et en la maintenant enfoncée, puis en la faisant glisser.

Si vous agrandissez cette fenêtre de prévisualisation, vous disposez d'une option. En bas, au centre, se trouve une petite icône d'image ; touchez-la pour flouter ou flouter votre arrière-plan.

Si vous utilisez FaceTime sur votre iPhone ou votre iPad, vous remarquerez que plusieurs options manquent, comme l'ajout d'effets. À ce jour, Mac ne prend pas en charge ces options.

Dans le coin inférieur gauche se trouvent quelques autres options : la première est l'icône de masquage/affichage du volet gauche ; elle révèle une barre latérale gauche qui vous permet d'admettre des personnes à l'appel vidéo. À côté se trouvent le micro (cliquez pour vous mettre en sourdine), la vidéo (cliquez pour désactiver votre vidéo) et X pour quitter l'appel.

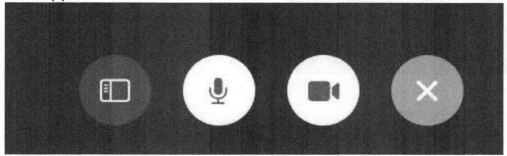

Si quelqu'un se joint à votre appel, cliquez sur l'icône du volet gauche, puis sur l'icône de la coche verte. À partir de là, vous pouvez également ajouter des personnes et saisir le lien une dernière fois pour le partager.

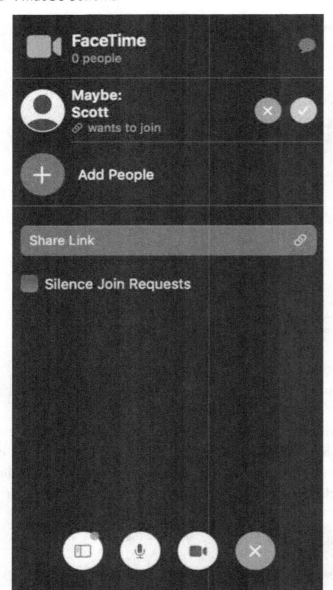

CALENDRIER

Le calendrier est une autre fonctionnalité qui peut être synchronisée avec votre compte iCloud Ainsi, tant que vous utilisez le même compte, tout ce que vous mettez dans votre calendrier depuis votre ordinateur s'affichera également sur votre iPhone et votre iPad. Vous pouvez également synchroniser le calendrier avec d'autres calendriers que vous utilisez en ligne, comme Google ou Yahoo.

Pour commencer à l'utiliser, allez dans votre Launchpad dans le Dock et cliquez sur l'icône Calendrier et cliquez sur l'icône Calendrier.

En haut de la fenêtre de l'application, de gauche à droite, vous trouverez les boutons standard des feux rouges, les calendriers, le nouvel événement (+), plusieurs vues différentes, y compris le jour et le mois, et la barre de recherche.

Synchronisation des calendriers

Si vous utilisez déjà un calendrier avec iCloudGoogle, Yahoo ou tout autre fournisseur, vous pouvez le synchroniser avec l'application Mac Calendar Mac Calendar.

1. Dans la barre de menu supérieure, cliquez sur Calendrier > Ajouter un compte.
2. Comme pour Mail, vous serez invité à saisir votre nom, votre adresse électronique et votre mot de passe.

Une fois la procédure de configuration terminée, les événements de ce calendrier devraient s'afficher automatiquement dans la fenêtre Calendrier dans la fenêtre Calendrier. Si vous avez plusieurs comptes avec des calendriers distincts, vous pouvez les filtrer en cliquant sur le bouton Calendriers dans la barre d'outils, et en cochant ou décochant les cases à côté des calendriers appropriés.

Changement de point de vue

Vous pouvez changer la vue du calendrier entre le jour, la semaine, le mois ou l'année en cliquant sur le bouton correspondant dans la barre d'outils.

Le jour affichera tous les événements de la journée, répartis par heure.

L'option Semaine vous permet d'afficher la semaine entière d'un seul coup d'œil, ainsi que des blocs pour les événements, afin que vous puissiez facilement voir quand vous avez des événements, et si vous avez du temps libre à venir.

La vue Mois sera probablement votre vue par défaut si vous n'avez besoin de votre calendrier que pour vous rappeler les paiements de factures et les dates d'échéance, ou si vous n'avez pas beaucoup de rendez-vous chaque mois mais qu'ils sont dispersés dans le mois.

RAPPELS

Comme son nom l'indique, l'application Rappels sert à vous rappeler certaines choses et, comme vous l'avez peut-être deviné, elle peut être synchronisée avec l'application Rappels de votre iPhone ou de votre iPad grâce à iCloud vers l'application Rappels de votre iPhone ou iPad.

L'application vous permet de créer des listes pour des choses telles que les courses ou tout autre sujet qui vous préoccupe. Vous pouvez également utiliser l'application pour programmer des échéances, par exemple le paiement d'une facture avant le 15 du mois. L'application peut même être configurée pour vous rappeler, à chaque fois que vous quittez ou arrivez chez vous, d'activer ou de désactiver l'alarme de votre maison.

Vous pouvez créer des listes partagées afin que les autres membres de votre réseau puissent également ajouter des éléments à la liste.

Pour commencer, ouvrez l'application en cliquant sur l'icône Launchpad puis en la sélectionnant dans la liste des applications.

La création d'une liste reste très simple. Appuyez sur Ajouter une liste dans le coin inférieur droit de votre écran.

Une fois que vous avez créé votre première liste, vous pouvez commencer à l'enrichir en appuyant sur le bouton "+" dans le coin supérieur droit. Cela vous permet d'ajouter l'élément, de définir la date d'échéance et même d'inclure des images et des pièces jointes.

Si vous touchez le site ⓘ à n'importe quel moment, vous pourrez ajouter des détails supplémentaires (tels qu'une date d'échéance ou même l'endroit où le rappel doit être effectué - vous pouvez, par exemple, demander qu'il vous rappelle lorsque vous êtes à l'épicerie).

Tapez sur Retour sur votre clavier pour ajouter un autre élément.

Pour partager une liste, cliquez avec le bouton droit de la souris (deux doigts) sur le nom et ajoutez une personne avec laquelle vous souhaitez la partager.

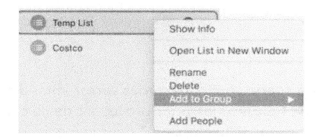

Cette option permet également de supprimer une liste.

COURRIER

Vous avez peut-être l'habitude de consulter votre courrier électronique dans votre navigateur. L'utilisation d'une application pour envoyer des courriels présente quelques avantages. L'un d'entre eux est la notification instantanée de l'arrivée du courrier ; un autre est la présence de fonctionnalités que vous n'auriez pas pu obtenir avec une messagerie basée sur un navigateur.

Si vous souhaitez essayer une application, vous avez le choix entre plusieurs : Airmail, Outlook, Spark, Canary Mail (certaines sont gratuites, d'autres payantes).

Pour ce livre, je vais couvrir une seule application : Apple Mail.

COURS ACCÉLÉRÉ SUR LE COURRIER

Pour commencer, allez dans votre Launchpad et cliquez sur l'application Mail.

Ensuite, il vous demandera de vous connecter à votre fournisseur de courrier électronique. Les étapes varient en fonction des services que vous utilisez, mais vous serez guidé à chaque étape.

Une fois votre messagerie configurée, vous verrez immédiatement votre boîte de réception se remplir de tous les messages provenant de ce compte. Vous ne voyez rien ? Cliquez sur "Recevoir un nouveau message" dans le menu supérieur, sous "Boîte aux lettres".

L'application devrait vous sembler assez familière, car la plupart des fonctionnalités de votre navigateur sont présentes.

Quelques caractéristiques à connaître :

Bloquer - S'il y a une personne dont vous ne voulez pas entendre parler, bloquez-la. Pour ce faire, ouvrez l'e-mail qu'il vous a envoyé, cliquez sur son nom et sélectionnez Bloquer le contact dans la liste déroulante. Si seulement il était aussi facile de bloquer des personnes dans la vie réelle !

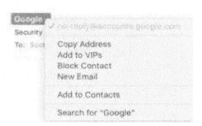

Lorsque vous cliquez avec le bouton droit de la souris (clic à deux doigts) sur un message, vous disposez également de quelques options.

Si vous avez déjà utilisé le courrier électronique, vous connaissez les fonctions Répondre, Répondre à tous, etc. La fonction "Drapeau" est peut-être une nouveauté. Cette fonction vous permet d'associer des couleurs à différents messages afin de les retrouver plus facilement.

Vous pouvez également faire un clic droit (clic à deux doigts) dans le menu latéral pour obtenir plus d'options.

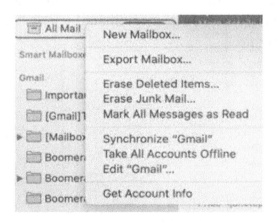

RAPPEL BASÉ SUR LA LOCALISATION

Si vous souhaitez créer un rappel basé sur la localisation (par exemple, "lorsque je quitte le travail, rappelez-moi d'appeler ma femme"), suivez les étapes ci-dessus.
Cliquez sur l'icône Information à côté du rappel (le "i" avec un cercle).

◯ Call Wife   ⓘ

Quelques options supplémentaires s'affichent. L'une d'entre elles indique "me rappeler", avec une case à cocher pour "À un endroit" ; cliquez sur cette case. Saisissez ensuite l'adresse et indiquez si vous souhaitez que le rappel vous soit envoyé lorsque vous arrivez sur place ou lorsque vous la quittez.

LES NOTES COURS ACCÉLÉRÉ

Pour l'ouvrir, cliquez sur l'icône Launchpad dans votre Dock et cliquez sur l'icône Notes et cliquez sur l'icône Notes.

Notescomme la plupart des applications de Catalina, se synchronise avec votre iPhone et votre iPad à condition que vous soyez connecté au même compte iCloud iCloud.

Contrairement aux éditeurs de traitement de texte auxquels vous êtes peut-être habitué, il n'y a pas de ruban fantaisiste ou de barre de menu avec de nombreuses fonctionnalités. Il y a une barre latérale avec une liste de toutes vos notes (sur tous les appareils si vous utilisez un iPhone / iPad synchronisé avec votre Mac).

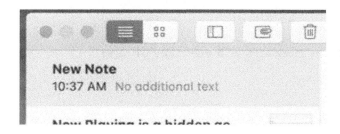

En haut, une barre de menu très basique.

Points de vue

La première option à côté des options de redimensionnement de l'application (les points rouges / jaunes / verts) est la bascule d'affichage.

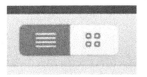

Ce bouton permet de passer d'une vue en liste de vos notes à une vue en vignettes (voir ci-dessous).

Si vous êtes en mode liste, il vous suffit de cliquer une fois sur la note pour l'ouvrir ; si vous êtes en mode vignette, vous devez double-cliquer sur la note.

Dossiers

Le bouton suivant permet de créer des dossiers.

La liste de tous vos dossiers (s'il y en a) s'affiche.

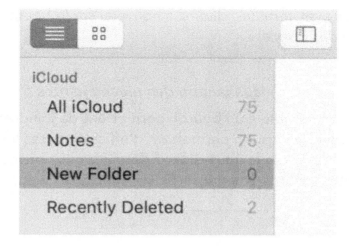

Si vous n'en avez pas encore, cliquez sur Nouveau dossier en bas de la fenêtre.

Pour renommer, supprimer ou ajouter des personnes au dossier, cliquez sur les trois points entourés d'un cercle.

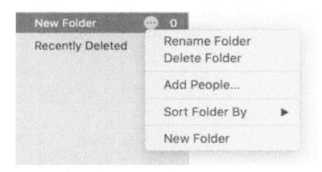

Enfin, pour ajouter une note à un dossier, cliquez sur celle-ci depuis le côté, puis faites-la glisser dans le dossier souhaité.

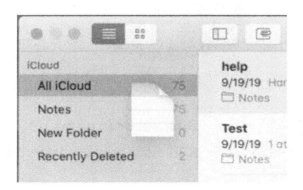

Une fois que vous avez terminé, cliquez à nouveau sur le bouton d'affichage pour masquer le panneau des dossiers.

Visualisation des pièces jointes

L'option suivante ressemble à un bouton permettant de joindre des documents ; ce n'est pas le cas. Il s'agit de l'option permettant d'afficher toutes les pièces jointes que vous avez ajoutées aux notes. Lorsque vous cliquez dessus, vous pouvez trier les différents types de pièces jointes (Photos et vidéoss, Scans, Mapssites web, audio et documents)

Lorsque vous double-cliquez sur une pièce jointe, un aperçu de celle-ci s'ouvre (il *n'ouvre pas* la note dans laquelle elle se trouve). Si vous souhaitez voir la note dans laquelle elle se trouve, cliquez avec le bouton droit de la souris pour faire apparaître le menu d'options et cliquez sur "Afficher dans la note".

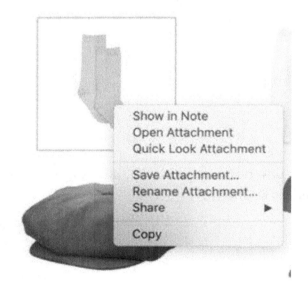

Supprimer la note

L'option suivante est assez simple. Elle supprime la note que vous avez sélectionnée.

Création d'une note

À côté du bouton de suppression se trouve le bouton "Créer une note" qui, comme vous pouvez vous y attendre, crée une note. Lorsque vous ouvrez votre note, le panneau de gauche porte le nom de la note avec un horodatage, et le panneau de droite comporte une zone de texte vide dans laquelle vous pouvez écrire. Le titre de la note change dès que vous commencez à taper du texte ; la première ligne de texte est le titre de votre note. Vous ne pouvez pas renommer le titre ; si vous modifiez la première ligne de texte de la note, le titre est automatiquement modifié.

Note de verrouillage

La sécurité de Notes ne semble peut-être pas aussi robuste que celle d'autres traitements de texte, mais il existe une fonction de verrouillage très utile qui permet de sécuriser les notes privées et de les réserver à vos seuls yeux. Pour l'utiliser, cliquez sur l'icône Verrou.

Une boîte de dialogue s'ouvre et vous demande d'ajouter un mot de passe. Désormais, chaque fois que vous voudrez ouvrir la note, vous aurez besoin d'un mot de passe. Si vous oubliez votre mot de passe, vous ne pourrez plus accéder à votre note, alors soyez prudent !

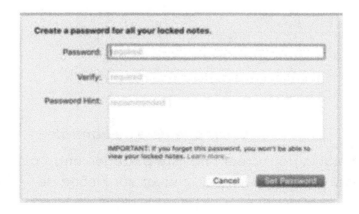

Créer un tableau

Vous pouvez également ajouter des tableaux à votre note. Personnellement, je m'en tiendrais à l'ajout de tableaux dans d'autres suites de traitement de texte, car cette fonction est un peu plus lourde que les autres outils disponibles. Mais si vous voulez l'essayer, cliquez sur l'icône Tableaux.

Cela permet d'ajouter un très petit tableau à votre note - seulement deux lignes et deux colonnes.

Pour ajouter une ligne ou une colonne, cliquez sur les trois petits points situés en haut de la colonne ou à gauche de la ligne, puis cliquez sur ce que vous souhaitez ajouter. Vous pouvez également le supprimer en utilisant cette méthode.

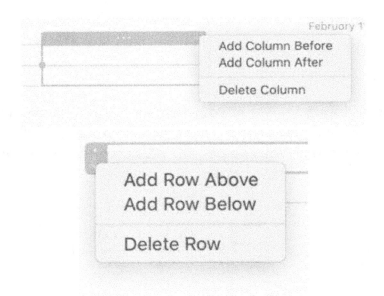

Créer une liste de contrôle

Si vous utilisez Notes pour créer une liste partagée entre plusieurs personnes (ou simplement une liste pour vous-même), cliquez sur l'icône de vérification.

Cela transforme chaque ligne de texte en une liste. En appuyant sur la touche retour de votre clavier, vous créerez un nouvel élément de liste ; en appuyant deux fois sur la touche retour, vous sortirez du mode liste et reviendrez à la saisie normale.

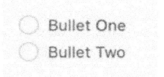

Vous pouvez cliquer à l'intérieur de n'importe quel cercle et cocher un élément. Si vous avez fait une erreur, il vous suffit de le décocher à nouveau.

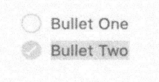

Vous pouvez également déplacer un élément de la liste vers le haut ou vers le bas en cliquant dessus avec le bouton droit de la souris, puis en cliquant sur "Déplacer l'élément de la liste".

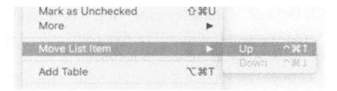

En cliquant avec le bouton droit de la souris, vous pouvez également aller dans Plus et cocher tous les éléments (ou décocher tous les éléments).

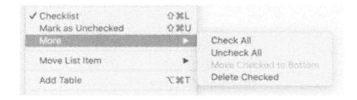

Ajouter un style

Bien que vous ne puissiez pas modifier le format autant que vous le feriez avec d'autres traitements de texte, Notes dispose de styles de base. Pour y accéder, cliquez sur l'icône Aa.

Vous obtenez ainsi une liste déroulante de tous les styles possibles.

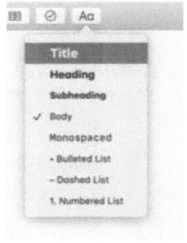

Ajout de croquis et d'images

L'un des nombreux domaines dans lesquels Apple a toujours brillé est celui de la synchronisation entre appareils. En utilisant Notes pour Mac avec votre iPhone, vous pouvez ajouter des croquis ou prendre des photos.

Pour commencer, cliquez sur l'icône des photos. Une liste déroulante de toutes les options s'affiche alors. Vous pouvez, bien sûr, ajouter n'importe quelle photo sur votre Mac avec l'option Photos vous permet d'ajouter n'importe quelle photo sur votre Mac.

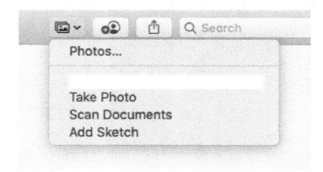

Les trois options suivantes (Prendre une photo, Numériser des documents, Ajouter une esquisse) font apparaître une image qui vous demande de vous connecter à votre téléphone pour effectuer les tâches (assurez-vous que vous êtes sur le même réseau).

Lorsque vous ajoutez un croquis, vous le dessinez sur votre téléphone.

Une fois que vous avez appuyé sur le bouton "Terminé" sur votre téléphone, il apparaîtra automatiquement dans Notes pour Mac.

Ajouter des collaborateurs

Si vous souhaitez ajouter d'autres personnes à votre note, cliquez sur l'icône représentant la personne et le signe +.

Cliquez ensuite sur "Note 'Nouvelle note'".

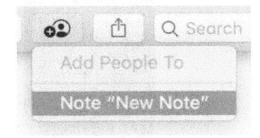

Il vous demandera comment vous souhaitez les ajouter. Par le biais de messages, d'un lien, d'AirDropetc.

Lorsque vous êtes prêt, cliquez sur Partager, mais avant cela, cliquez sur le menu déroulant Permissions et assurez-vous que la note est configurée comme vous le souhaitez. Vous pouvez soit laisser les autres personnes consulter la note uniquement, soit les autoriser à la modifier.

Note de partages

Si vous souhaitez partager la note sans ajouter la personne à la note, cliquez sur l'icône de partage.

Ensuite, choisissez la manière dont vous souhaitez partager la note.

Note de recherches

La dernière option de la barre d'outils est la boîte de recherche. Elle vous permet de rechercher différents mots-clés dans toutes vos notes. Par exemple, lorsque je me rends dans un endroit doté d'un accès Wi-Fij'ajoute la clé du réseau à une note de mot de passe Wi-Fi (je ne recommande pas cette méthode pour les mots de passe sensibles) ; lorsque j'ai besoin de la retrouver rapidement, je cherche "WiFi" et elle apparaît immédiatement.

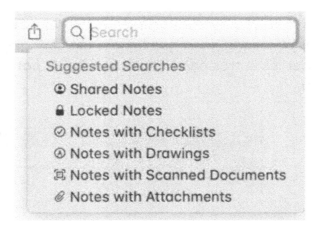

Exportation d'une notes

Maintenant que nous avons vu toutes les fonctions de la barre d'outils, montons d'un niveau pour atteindre la barre de menu supérieure. Tout ce que vous avez fait dans la barre d'outils, vous pouvez également le faire dans la barre de menus.

La première consiste à exporter une note au format PDF. Pour ce faire, cliquez sur Fichier > Exporter en PDF.

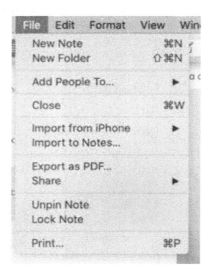

Au-dessus de l'option Exporter Personnellement, je trouve qu'il est plus facile de partager une note à partir d'un autre appareil, mais si vous avez une copie quelque part et que vous avez une raison de l'importer, c'est ici qu'il faut aller.

Notes sur l'épinglage

L'épinglage de notes est une fonctionnalité très simple, mais utile. Lorsque vous cliquez sur une note et que vous choisissez de l'épingler à l'aide de la commande Fichier > Épingler une note, elle est placée en haut de toutes vos notes, ce qui permet de la retrouver plus facilement.

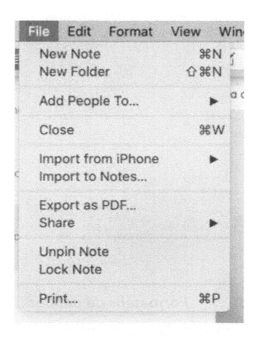

Joindre des fichiers

Contrairement à de nombreuses applications de traitement de texte, vous pouvez joindre des fichiers à Notes. Allez dans Édition > Joindre un fichier.

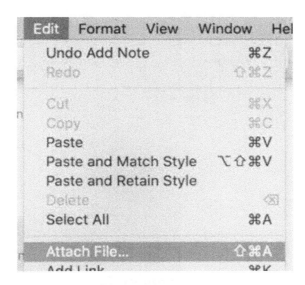

Vérification des sorts

Comme dans tout logiciel de traitement de texte, un correcteur orthographique se trouve dans le menu supérieur. Vous pouvez lancer le correcteur orthographique en allant dans Édition > Orthographe et grammaire. Par défaut, il vérifie l'orthographe et la grammaire au fur et à mesure que vous tapez.

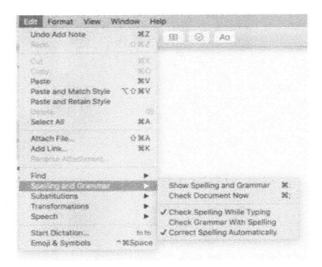

Formateur de polices

Enfin, même si la modification de la couleur ou du type de police n'est pas aussi simple que dans Pages ou Word, elle reste possible. Allez dans Format > Police.

Note rapide

Quick Note vous permet de prendre rapidement des notes pendant que vous travaillez. Comment cela fonctionne-t-il ? Cela dépend de la façon dont vous voulez qu'il fonctionne ! Pour le faire fonctionner, vous devez d'abord créer un raccourci pour y accéder.

Allez dans LaunchPad et ouvrez les préférences système.

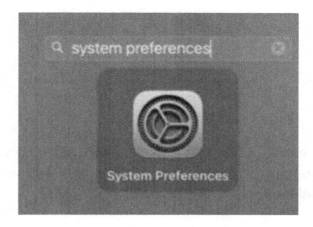

Ensuite, cliquez sur Bureau et économiseur d'écran.

Cliquez sur l'onglet Écran de veille.

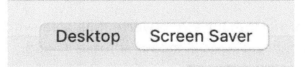

Dans le coin inférieur droit se trouve un bouton qui indique Hot Corners. Cliquez dessus.

Les coins chauds indiquent au système d'exploitation que vous voulez qu'il fasse quelque chose lorsque vous vous trouvez dans un coin. Trouvez un coin, puis cliquez sur le menu déroulant et sélectionnez Note rapide.

Le coin est maintenant activé. J'ai choisi le coin supérieur gauche. Lorsque je déplace ma souris dans ce coin, une petite boîte apparaît. Pour ouvrir la note rapide, je dois cliquer sur cette boîte.

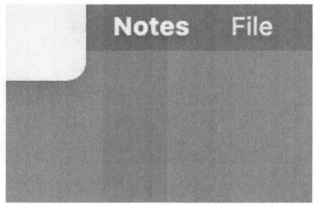

Votre note devrait maintenant être ouverte. Elle sera synchronisée sur tous les appareils auxquels vous êtes connecté avec la même adresse iCloud.

App Store

L'App Store est l'endroit où vous pourrez télécharger et installer de nombreuses applications différentes qui ont été développées spécifiquement pour être utilisées avec un ordinateur Mac. Ces applications vous permettront d'ajouter de nouvelles fonctionnalités et de vous faciliter la vie, ou encore de vous amuser pendant vos temps morts au travail. N'oubliez pas que pour que l'App Store fonctionne, vous devez être connecté à l'internet.

Pour être clair, les applications achetées sur l'App Store ne fonctionnent que sur Mac ; si vous avez deux Mac, vous pouvez les télécharger sur les deux si vous avez le même compte. En revanche, vous ne pouvez pas les télécharger sur votre iPhone ou votre iPad. Si vous vous demandez pourquoi un jeu que vous avez téléchargé sur l'iPhone ou l'iPad n'est pas disponible gratuitement sur votre Mac, c'est pour cette raison. Les applications Mac sont développées à l'aide d'un cadre entièrement différent.

Ouvrez l'App Store en le sélectionnant dans le Dock ou le Launchpad. La page d'accueil de l'App Store vous accueille et vous présente les dernières nouveautés en matière d'applications.

En haut, vous verrez différentes sections : En vedette, Top Charts, Catégories, Achats et Mises à jour..

Les onglets "Featured", "Top Charts" et "Categories" présentent les applications qui peuvent être téléchargées, mais qui sont organisées de différentes manières. L'onglet En vedette présente les meilleures nouvelles applications, les meilleurs nouveaux jeux, les choix de la rédaction et des collections d'applications différentes qui fonctionnent très bien ensemble.

Le Top Charts vous présente les meilleures applications disponibles, réparties en Top Payant, Top Gratuit et Top Grossing. Sur le côté droit, vous pouvez également parcourir les Top Apps classées par catégorie, au cas où vous souhaiteriez affiner votre recherche.

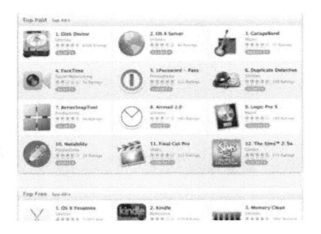

Les catégories permettent de diviser la recherche d'applications en différentes catégories telles que Business, Education, Référence, Productivité, Médical, Divertissement et Jeux.

En choisissant une catégorie, vous obtiendrez d'autres sélections et la partie droite sera remplie de catégories supplémentaires. Par exemple, en sélectionnant la catégorie Entreprises, vous accéderez à la page principale des applications pour entreprises, où sont répertoriées les applications les plus populaires. Sur le côté droit, vous pouvez sélectionner des catégories plus petites telles que les applications pour écrivains, le développement d'applications ou les applications pour concepteurs. Peu importe la catégorie d'applications dans laquelle vous vous trouvez, la liste reste la même dans la partie droite.

Achats et mises à jour sont l'endroit où vous pouvez consulter les téléchargements passés de l'App Store passés. Le titre "Achats" peut être un peu trompeur, car vos applications gratuites y figurent également. Dans la section Mises à jour, vous pouvez voir quelles applications doivent être mises à jour. Si plusieurs applications doivent être mises à jour, vous pouvez cliquer sur le bouton Mettre à jour tout et la liste complète s'affichera.

PHOTOS

Photos existe sur Mac depuis un certain temps. Dans OS Catalina, cependant, il a été quelque peu remanié pour ressembler davantage à l'expérience sur l'iPad et l'iPhone.

Pour commencer, allez sur Photos dans la zone de lancement.

Si votre Mac est synchronisé avec votre iPhone, vos photos le sont également. Il n'est pas nécessaire de les déplacer. Si vous n'avez pas d'iPhone ou si vous souhaitez ajouter d'autres photos qui n'ont pas été prises sur un appareil Apple, vous pouvez aller dans Fichier > Importer.

Il y a quelques options à vérifier dans le menu supérieur. La première est la barre de défilement plus grande/plus petite.

Cette fonction vous permet de régler la taille de l'aperçu de vos photos.

À côté, l'option Années / Mois / Jours / Toutes les photos qui vous permet de choisir la manière dont les photos sont regroupées.

Si vous avez sélectionné une photo, vous pouvez cliquer sur le "i" pour obtenir des informations sur la photo (appareil photo utilisé, résolution, ISO, taille du fichier, etc.)

À côté des informations, il est possible de partager, de mettre en favori, de faire pivoter ou de rechercher des images.

La recherche est assez intelligente : vous pouvez rechercher des noms de personnes ou des lieux où les photos ont été prises.

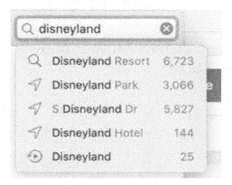

Dans le menu de gauche, vous avez la possibilité d'afficher des photos spécifiques - des photos avec des personnes, par exemple.

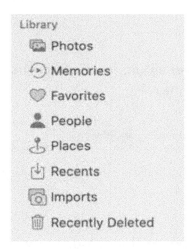

Si vous allez dans Mémoires, vous pouvez regarder des diaporamas de photos antérieures (l'intelligence artificielle d'Apple les regroupe). Pour regarder le diaporama, cliquez avec le bouton droit de la souris (à deux doigts) sur le souvenir que vous souhaitez voir.

Sous Albums dans le menu de gauche, vous pouvez cliquer avec le bouton droit de la souris pour créer un nouvel album.

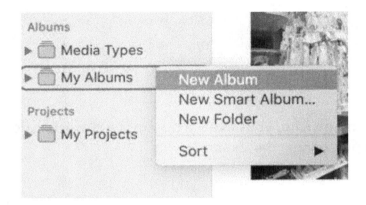

Si vous sélectionnez Nouvel album intelligentvous pouvez créer un album basé sur un filtre défini que vous sélectionnez.

Une fois que vous avez créé un albumvous pouvez cliquer avec le bouton droit de la souris sur n'importe quelle photo et l'ajouter à cet album.

Lorsque vous double-cliquez sur une photo, vous pouvez la modifier. En mode édition, il existe une option d'édition automatique, qui ajuste l'éclairage en fonction de ce que l'IA pense être correct.

Il existe des dizaines d'options d'édition de base et avancées.

Il existe trois sections principales pour effectuer des modifications (accessibles dans le menu supérieur) : Ajuster (corrections d'éclairage), Filtres (filtres photo prédéfinis) et Recadrer..

Siri

Si vous avez utilisé Siri sur l'iPhone, l'iPad ou l'Apple Watch, cette fonctionnalité vous conviendra parfaitement. Siri est intégré au Dock. Pour l'utiliser, il suffit de cliquer sur l'icône du Dock.

ASTUCE : Il existe une touche de raccourci pour faire apparaître Siri : maintenir la touche Commande et la barre d'espacement.

Siri est idéal pour poser des questions d'ordre général, mais il est également efficace pour effectuer des tâches plus complexes. En voici quelques exemples :

Glisser-déposer des images - Demander à Siri de vous trouver des photos de quelque chose ; il vous confirmera si vous voulez des images Web ou des images sur votre disque dur. Il vous renverra les photos et vous pourrez cliquer dessus et les faire glisser dans des documents, des courriels et bien d'autres choses.

Localisation des fichiers - Siri fonctionne comme le finder... mais plus facilement. Vous pouvez demander à Siri de trouver un fichier spécifique, ou de vous trouver tous les fichiers ouverts la semaine dernière, ou pratiquement n'importe quoi d'autre.

Assistant personnel - Siri est très efficace pour effectuer des tâches à votre place. Vous pouvez demander à Siri d'envoyer un courriel à quelqu'un, de lire des SMS ou de prendre un rendez-vous dans votre calendrier. Il suffit de demander et de voir ce qui se passe !

Si vous souhaitez modifier les paramètres de Siri(remplacer la voix féminine par une voix masculine, par exemple), accédez au Launchpadouvrez Préférences Systèmepuis cliquez sur Siri.

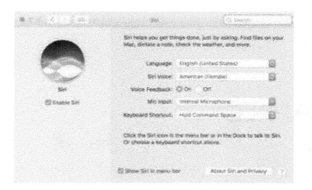

[7]

SERVICES APPLE

INTRODUCTION

Il fut un temps où, quelques fois par an, Apple montait sur scène et annonçait quelque chose qui faisait exploser la tête de tout le monde ! L'iPhone ! L'iPad ! L'Apple Watch ! L'iPod !

C'est encore le cas aujourd'hui, mais Apple est également bien conscient de la réalité : la plupart des gens ne passent pas à un nouveau matériel chaque année. Comment une entreprise peut-elle gagner de l'argent dans ce cas ? En un mot : les services.

Ces dernières années (en particulier en 2019), Apple a annoncé plusieurs services - des choses que les gens choisissaient de payer mensuellement. C'était un moyen de continuer à gagner de l'argent même lorsque les gens n'achetaient pas de matériel.

Pour que cela fonctionne, Apple savait qu'elle ne pouvait pas se contenter d'offrir un service de qualité médiocre et s'attendre à ce que les gens paient parce qu'il s'agit d'Apple. Il fallait que le service soit bon. Et c'est le cas !

iCloud

iCloud est un service dont Apple ne parle pas beaucoup, mais qui est peut-être le plus important de la société. On estime que près de 850 millions de personnes l'utilisent. Le problème, c'est que beaucoup de gens ne savent même pas qu'ils l'utilisent.

De quoi s'agit-il exactement ? Si vous connaissez Google Drive, vous avez probablement déjà compris le concept. Il s'agit d'un espace de stockage en ligne. Mais c'est bien plus que cela. C'est un endroit où vous pouvez stocker des fichiers, et il synchronise également le tout. Ainsi, si vous envoyez un message sur votre iPhone, il apparaît sur votre MacBook et votre iPad. Si vous travaillez sur une présentation Keynote depuis votre iPad, vous pouvez reprendre là où vous vous êtes arrêté sur votre iPhone.

Ce qui est encore mieux avec iCloud c'est qu'il est abordable. Les nouveaux appareils bénéficient de 5 Go gratuits. À partir de là, la fourchette de prix est la suivante (ces prix peuvent changer après impression) :

- 50GB : 0,99
- 200 GO : 2,99
- 2TB : 9,99

Ces prix s'appliquent à tous les membres de votre famille. Ainsi, si vous avez cinq personnes sur votre plan, chaque personne n'a pas besoin de son propre plan de stockage. Cela signifie également que les achats sont sauvegardés : si un membre de la famille achète un livre ou un film, tout le monde peut y accéder.

iCloud est devenu encore plus puissant au fur et à mesure que notre photothèque s'enrichit. Les photos étaient relativement petites, mais avec l'évolution des appareils photo, leur taille augmente. La plupart des photos sur votre Mac pèsent plusieurs Mo. iCloud vous permet de conserver les plus récentes sur votre téléphone et de placer les plus anciennes dans le nuage. Cela signifie également que vous n'avez pas à vous soucier de payer pour le téléphone doté du plus gros disque dur. En effet, même si vous disposez du plus gros disque dur, il est possible qu'il ne puisse pas contenir toutes vos photos.

Où se trouve iCloud?

Si vous regardez votre MacBookvous ne verrez pas d'application iCloud iCloud. C'est parce qu'il n'y a pas d'application iCloud. Pour voir iCloud, dirigez le navigateur de votre ordinateur vers iCloud.com.

Une fois connecté, vous verrez tous les éléments stockés dans votre Cloud - photos, contacts, notes, fichiers - auxquels vous pouvez accéder sur tous vos appareils.

En outre, vous pouvez utiliser iCloud depuis n'importe quel ordinateur (même les PC), ce qui est particulièrement utile si vous avez besoin d'utiliser Find My Macqui permet de localiser non seulement votre ordinateur, mais aussi tous vos appareils Apple (téléphones, montres et même AirPods)..

Sauvegarde de votre ordinateur avec iCloud

La première chose à savoir sur iCloud est de savoir comment sauvegarder votre ordinateur. C'est ce que vous devrez faire si vous passez d'un Mac à un autre.

S'il n'y a pas d'application iCloud sur l'ordinateur, comment faire ? Bien qu'il n'y ait pas d'application native au sens traditionnel du terme, il existe plusieurs paramètres iCloud dans les Préférences Système.

Ouvrez les préférences du systèmeen haut, vous verrez votre nom et votre photo de profil ; cliquez dessus. L'option de gestion d'iCloud s'affiche..

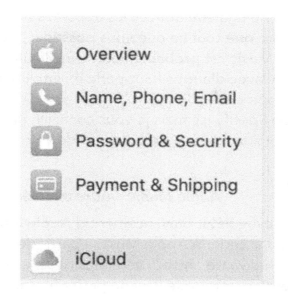

iCloud Conduite

Pour voir vos fichiers sur le nuage, ouvrez l'application Finder dans le menu de gauche, vous trouverez une option pour iCloud Drive.

Vous pouvez utiliser iCloud Drive pour créer et déplacer des dossiers comme vous le feriez dans l'app Finder l'app.

APPLE MUSIC

Apple Music est le service de streaming musical d'Apple.

La question que se posent la plupart des gens est de savoir ce qui est le mieux : Spotify ou Apple Music? Sur le papier, c'est difficile à dire. Les deux proposent le même nombre de chansons et coûtent le même prix (9,99 $ par mois, 5 $ pour les étudiants, 14,99 $ pour les familles).

Il n'y a pas vraiment de vainqueur. Tout est question de préférence. Spotify a de bonnes caractéristiques, comme une offre gratuite financée par la publicité.

L'une des caractéristiques les plus remarquables d'Apple Music est iTunes Match. Si vous êtes comme moi et que vous avez une grande collection de fichiers audio sur votre ordinateur, vous allez adorer iTunes Match. Apple place ces fichiers dans le nuage et vous pouvez les diffuser sur n'importe lequel de vos appareils. Cette fonction est également disponible si vous n'avez pas Apple Music pour 25 $ par an.

Apple Music fonctionne également avec les appareils Apple ; ainsi, si vous êtes une maison Apple (c'est-à-dire que tout ce que vous possédez, des haut-parleurs intelligents aux boîtiers TV), Apple Music est probablement la meilleure solution pour vous.

Apple est compatible avec d'autres haut-parleurs intelligents, mais il est conçu pour briller sur ses propres appareils.

Je ne parlerai pas de Spotify ici, mais je vous conseille de les essayer tous les deux (ils ont tous les deux des versions d'essai gratuites) et de voir quelle interface vous préférez.

Apple Music Cours accéléré

Avant de passer en revue l'état d'avancement d'Apple Musicil convient de noter qu'il est désormais possible d'accéder à Apple Music à partir de votre navigateur web (en version bêta) à l'adresse suivante : http://beta.music.apple.com.

Il convient également de noter que j'ai une petite fille et que je n'ai pas l'occasion d'écouter beaucoup de musique pour adultes.

La navigation principale sur Apple Music se trouve dans le menu latéral :
- Pour vous
- Parcourir
- Radio

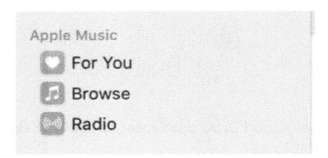

Il y a également une bibliothèque en dessous de celle-ci qui indique ce que vous avez téléchargé.

Bibliothèque

Lorsque vous créez des listes de lecture ou que vous téléchargez des chansons ou des albums, c'est là que vous les trouverez.

Vous pouvez modifier les catégories qui apparaissent dans cette première liste en cliquant sur Modifier, puis en cochant les catégories souhaitées. Veillez à appuyer sur Terminé pour enregistrer vos modifications.

Pour vous

Au fur et à mesure que vous écoutez de la musique, Apple Music commence à vous connaître de mieux en mieux ; il vous fait des recommandations en fonction de ce que vous écoutez.

Dans For You, vous pouvez obtenir un mélange de toutes ces chansons et voir d'autres recommandations.

Outre les différents styles de musique, il propose également des recommandations d'amis, ce qui vous permet de découvrir de nouvelles musiques en fonction de ce que vos amis écoutent.

Parcourir

Vous n'aimez pas ces recommandations ? Vous pouvez également parcourir les genres dans le menu Parcourir. En plus des différentes catégories de genres, vous pouvez voir les nouveautés et la popularité de la musique.

Radio

La radio est la version d'Apple de la radio AM/FM ; la principale station de radio est Beats One. Il y a des DJ à l'antenne et tout ce que l'on peut attendre d'une station de radio.

Beats One est la station phare d'Apple, mais ce n'est pas la seule. Vous pouvez faire défiler l'écran vers le bas et appuyer sur Stations de radio sous Plus pour explorer et voir plusieurs autres stations basées sur des styles musicaux (par exemple, country, alternatif, rock, etc.). Dans ce menu, vous trouverez également une poignée de stations de radio parlée couvrant l'actualité et le sport. Ne vous attendez pas à trouver des émissions d'opinion comme celles que vous écoutez sur votre radio habituelle : il n'y a pas de controverse.

Recherche

La dernière option est le menu de recherche, qui est assez explicite. Tapez ce que vous voulez trouver (artiste, album, genre, etc.).

Écouter de la musique et créer une liste de lecture

Vous pouvez accéder à la musique que vous êtes en train d'écouter en haut de votre écran.

En cliquant avec le bouton droit de la souris (deux doigts) sur l'album, plusieurs options s'offrent à vous. L'une d'elles permet d'accéder à l'album, qui s'affiche en plein écran.

En cliquant sur le bouton qui ressemble à un chat, vous verrez le texte de ce qui est en train de se jouer.

À gauche de cela se trouve l'option permettant de sélectionner l'endroit où vous souhaitez écouter la musique. Par exemple, si vous avez un HomePod et que vous voulez écouter sans fil la musique de cet appareil, vous pouvez le changer ici.

L'option à l'extrême droite indique le(s) morceau(x) suivant(s) dans la liste de lecture.

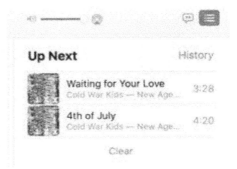

Si vous souhaitez ajouter une chanson à une liste de lecture, cliquez avec le bouton droit de la souris sur la chanson et sélectionnez la liste de lecture (ou créez-en une).

À tout moment, vous pouvez appuyer sur le nom de l'artiste pour voir l'ensemble de sa musique.

En plus des informations sur le groupe, ses chansons populaires et ses albums, vous pouvez obtenir une playlist de ses chansons essentielles ou une playlist des groupes qu'il a influencés.

Si vous faites défiler l'écran jusqu'en bas, vous pouvez également voir les artistes similaires, ce qui est un excellent moyen de découvrir de nouveaux groupes qui ressemblent à ceux que vous écoutez actuellement.

Conseils pour tirer le meilleur parti d'Apple Music

Heart It

Vous aimez ce que vous entendez ? C'est un coup de cœur ! Vous détestez ? N'aimez pas. Apple apprend à vous connaître grâce à ce que vous écoutez, mais il améliore sa précision lorsque vous lui dites ce que vous pensez d'une chanson que vous aimez vraiment... ou que vous détestez vraiment.

Télécharger la musique

Si vous ne voulez pas dépendre du wi-fi lorsque vous êtes en déplacement, appuyez sur le nuage de votre musique pour la télécharger localement sur votre téléphone. Si vous ne voyez pas de nuage, ajoutez-le à votre bibliothèque en appuyant sur le plus, ce qui le transformera en nuage.

Hey Siri

Siri connaît la musique ! Dites "Hey Siri" et indiquez ce que vous voulez écouter, et l'IA se mettra au travail.

[8]

COMMENT PERSONNALISER LES CHOSES

Ce chapitre couvre les points suivants
- Préférences du système
- Ajout de comptes de réseaux sociaux et autres
- Contrôler le son
- Groupes d'utilisateurs
- Captures d'écran
- Continuité des photos
- Accessibilité
- Vie privée / sécurité

Vous connaissez maintenant les bases ; vous devriez être en mesure de vous déplacer facilement sur le bureau et d'utiliser tous les programmes de base avec aisance. Mais vous ne vous sentez pas encore tout à fait... chez vous. Il possède toujours les paramètres, les couleurs, les gestes et les arrière-plans par défaut. Bien sûr, c'est un ordinateur sympa, mais il faut maintenant faire en sorte qu'il ressemble à votre ordinateur.

PRÉFÉRENCES DU SYSTÈME

Tous les paramètres principaux sont accessibles dans les Préférences Système qui est l'équivalent Mac du Panneau de configuration sur un ordinateur Windows Windows. Pour commencer, accédons aux Préférences Système en cliquant sur Launchpadpuis en cliquant sur l'icône Préférences Système.

Vous pouvez également y accéder en cliquant sur la pomme dans le coin supérieur gauche du menu et en cliquant sur Préférences système.

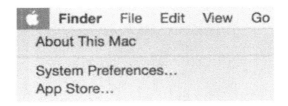

Une fois l'application ouverte, vous verrez qu'il y a beaucoup de choses que vous pouvez configurer.

Général

Commençons par la première option : Général. Sous Général, vous pouvez :

- Changez l'apparence des boutons principaux, des fenêtres et des menus en sélectionnant Bleu ou Graphite.
- Choisissez la couleur de surbrillance.
- Changez la barre de menu supérieure et le Dock en couleurs sombres. Cette option fonctionne bien avec les fonds d'écran sombres.
- Définir les barres de défilement pour qu'elles s'affichent automatiquement en fonction de la souris ou du Trackpad, uniquement lors du défilement, ou toujours.
- Sélectionnez le navigateur web par défaut.

- C'est ici que vous pouvez permettre à Handoff entre votre Mac et les appareils iCloud (certains Mac plus anciens ne prennent pas en charge cette fonctionnalité).

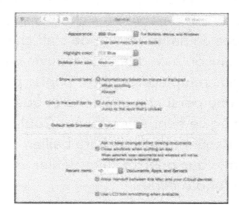

À tout moment, vous pouvez revenir à la page principale des Préférences Système en cliquant sur le bouton avec 12 petits carrés. Vous pouvez également appuyer sur le bouton Retour, mais si vous vous trouvez dans plusieurs menus, vous devrez peut-être appuyer plusieurs fois sur le bouton Retour.

Bureau & Économiseur d'écran

La section Bureau & La section Économiseur d'écran vous permet de modifier l'élément le plus visible de votre Mac, à savoir le fond d'écran du bureau. Le long de la barre latérale gauche, vous verrez plusieurs options déroulantes : Apple, iPhoto et Dossiers.

En bas, vous pourrez changer l'image de temps en temps, et vous pouvez choisir la fréquence à laquelle vous souhaitez qu'une nouvelle image soit rafraîchie. Les images qui s'affichent dans la fenêtre de droite sont celles qui défilent lors des actualisations.

Pour remplacer votre fond d'écran par l'une des superbes images fournies par Apple, ou si vous souhaitez simplement parcourir les choix disponibles, cliquez sur le nom Apple. Une série d'images colorées en haute résolution s'affichent sur le côté droit, et vous pouvez faire défiler la liste jusqu'à ce que vous trouviez quelque chose qui vous plaise. En cliquant sur une image, vous remplacerez votre papier peint par cette sélection particulière. Si vous êtes une personne ordinaire et que vous préférez garder les choses très simples, vous pouvez également sélectionner Couleurs unies pour trouver un éventail de fonds d'écran unis qui risquent de vous faire bailler.

En sélectionnant iPhoto, vous pourrez faire défiler vos photos et sélectionner un souvenir précieux comme fond d'écran.

L'option Dossiers vous permet de choisir parmi les dossiers ajoutés où d'autres fichiers d'images sont susceptibles d'attendre. Si vous enregistrez beaucoup d'images sur votre bureau, vous pouvez ajouter le dossier Desktop afin de pouvoir inclure ces images dans des fonds d'écran potentiels.

Ajouter et supprimer Dossiers

1. Pour ajouter de nouveaux dossiers et collections d'images, cliquez sur le bouton "+" situé en bas de la barre latérale gauche.
2. Lorsque la fenêtre s'affiche, recherchez le dossier que vous souhaitez ajouter.
3. Une fois que vous avez trouvé le dossier souhaité, cliquez sur le bouton bleu Choisir pour confirmer les modifications.
4. Pour supprimer un dossier, mettez-le en surbrillance et cliquez sur le bouton "-" pour le supprimer.

Économiseur d'écran

Pour configurer un écran de veille, cliquez sur le bouton Écran de veille en haut de la fenêtre Bureau et écran de veille. & Économiseur d'écran.

La barre latérale de gauche propose plus d'options que vous n'en avez probablement besoin en ce qui concerne les différentes façons d'afficher vos photos. Les options suivantes vous plairont sans doute : Shuffling Tiles, Vintage Prints et Classic.

Sur le côté droit, vous pouvez voir un aperçu de ce à quoi ressemblera votre écran de veille. Dans cette partie de la fenêtre, vous pouvez également sélectionner une source : National Geographic, Aerial, Cosmos, Nature Patterns, et Choose Folder si vous avez un dossier particulier d'images que vous souhaitez utiliser. Si vous souhaitez modifier l'ordre d'apparition des images, cochez la case située à côté de Mélanger l'ordre des diapositives.

Tout en bas de la fenêtre, vous pouvez choisir le temps qui s'écoulera avant que l'économiseur d'écran ne démarre. Vous pourrez également choisir d'afficher ou non l'horloge.

Quai

Il n'y a pas grand-chose à faire sur le Dock et la plupart de ces paramètres sont explicites. Pour l'essentiel, ces paramètres rendent les choses un peu plus... animées. Le grossissement, par exemple, agrandit l'icône d'une application lorsque vous passez la souris dessus.

L'une des options que j'aimerais souligner, cependant, est celle qui permet de masquer et d'afficher automatiquement le Dock.Personnellement, je choisis de masquer le Dock pour deux raisons : d'une part, cela vous donne plus d'espace à l'écran et, d'autre part, cela vous permet d'utiliser le Dock lorsque vous êtes dans une application en plein écran.

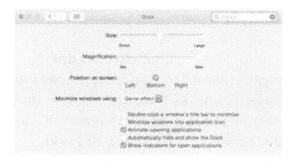

Contrôle de la mission

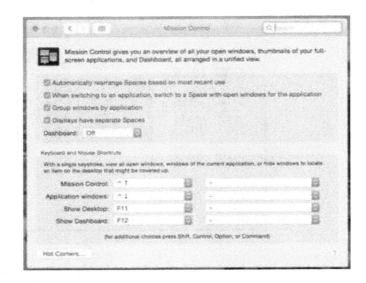

Le contrôle de mission est l'endroit où vous pouvez configurer différentes parties de votre écran pour qu'elles fassent différentes choses. Qu'est-ce que je veux dire par là ? Par exemple, vous pouvez configurer un raccourci pour qu'à chaque fois que vous déplacez votre souris dans le coin supérieur droit, votre bureau s'affiche. Vous pouvez également créer des touches de raccourci sur votre clavier. Mission Control a pour but de vous aider à réaliser rapidement des tâches simples.

Réseaux sociaux, courrier, contacts et calendriers

Lorsque vous utilisez TwitterFacebook et d'autres applications, vous avez peut-être l'habitude de vous rendre sur un site web. Sur un Mac, vous pouvez les ajouter aux informations de votre ordinateur, de sorte que vous n'avez pas besoin de vous connecter ; cela vous permet également de recevoir des notifications lorsque vous avez de nouveaux messages, des mentions "J'aime", etc.

Ajout de comptes

Pour ajouter des comptes, allez dans les préférences système sur votre Dock (l'icône de l'engrenage) et sélectionnez Comptes Internet. À partir de là, vous pouvez ajouter des comptes qui n'ont pas encore été migrés, notamment iCloudExchange, Google, TwitterFacebookLinkedIn, Yahoo !, AOL, Vimeo et Flickr. L'ajout de comptes ici commencera à remplir les fonctions natives de Catalina : Mail, ContactsContacts, Rappels et Calendrier et ajoutera des options à votre bouton Partager.

Remarque : vous pouvez également ajouter des comptes dans les rubriques Courrier, ContactsContacts, Calendriers et Rappels en ouvrant chaque application et en cliquant sur Fichier > Ajouter un compte.

TwitterFacebookLinkedIn, Vimeo et Flickr

Le système d'exploitation Catalina prend en charge les services TwitterFacebookLinkedIn, Flickr et Vimeo. Pour commencer, il vous suffit de vous connecter à votre (vos) compte(s) dans Préférences Système > Comptes Internet. Sélectionnez Twitter, Facebook, LinkedIn, Flickr ou Vimeo, puis saisissez votre nom d'utilisateur et votre mot de passe. À partir de maintenant, vous pourrez utiliser ce compte avec le bouton Partager dans Catalina et recevoir des notifications dans votre Centre de notifications. Centre.

IMG_0030.jpg

Son

Comme son nom l'indique, le menu Son est l'endroit où tous les changements liés aux effets sonores et au son en général peuvent être modifiés. Il existe trois onglets entre lesquels vous pouvez basculer.

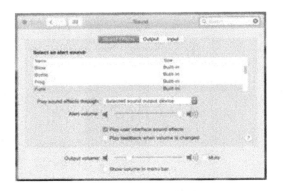

Son Effets

L'onglet est l'endroit où vous pouvez sélectionner un son d'alerte parmi les nombreuses options intégrées. Par défaut, le menu déroulant suivant doit être réglé sur Périphérique de sortie sonore sélectionné pour que les effets sonores choisis soient diffusés par vos haut-parleurs standard.

Les deux cases à cocher suivantes vous permettent d'activer ou de désactiver les effets sonores pour l'interface utilisateur et pour le contrôle du volume.

Enfin, vous pourrez régler le volume de sortie de vos haut-parleurs. Ce réglage affecte l'intensité sonore de tous les éléments, des effets sonores à la musique en cours de lecture sur l'ordinateur.

Entrée et sortie

Les onglets d'entrée et de sortie sont très similaires. Chacun d'eux vous permet de modifier le périphérique d'entrée ou de sortie du son (haut-parleurs ou microphones), ainsi que de régler les paramètres du son. Dans l'onglet sortie, vous pouvez ajuster le curseur pour déplacer la balance vers la gauche ou la droite, et dans l'onglet entrée, vous pouvez modifier le volume d'entrée du microphone et activer ou désactiver la fonction intégrée de réduction du bruit au cas où vous utiliseriez fréquemment le microphone de votre Mac dans des cafés très fréquentés.

UTILISATEURS ET GROUPES

Si votre Mac est destiné à un usage familial et que quelques personnes l'utilisent, ce réglage sera très utile.

Dans la barre latérale de gauche, tous les utilisateurs et groupes existants (si vous en avez) sont présentés. Pour modifier un utilisateur existant, vous devez d'abord choisir l'icône "Cliquez sur le cadenas" et le déverrouiller ; le déverrouillage vous permet de modifier les paramètres de l'utilisateur. On vous demandera également votre mot de passe à ce moment-là. Il s'agit d'une mesure de sécurité visant à garantir que, si vous laissiez accidentellement votre ordinateur sans surveillance, quelqu'un ne pourrait pas venir vous verrouiller l'accès à votre propre machine.

Vous trouverez ci-dessous un certain nombre de choses que vous pourrez faire avec chaque utilisateur. Selon le type d'utilisateur (administrateur, invité, enfant, etc.), certains paramètres ne seront pas disponibles.

- La sélection du compte d'utilisateur admin vous permettra de modifier le mot de passe de connexion, d'ouvrir la carte Contacts et d'activer le contrôle parental. et d'activer le contrôle parental. En cliquant sur les éléments de connexion, vous pourrez modifier les applications qui s'exécutent automatiquement à chaque fois que vous vous connectez. Il doit y avoir au moins un utilisateur admin.
- Tous les autres utilisateurs créés auront la possibilité d'activer le contrôle parental, de modifier le mot de passe ou de transformer ce compte en un autre compte d'administrateur ayant le contrôle total du Mac.
- Par défaut, un utilisateur invité est configuré. S'il est sélectionné, vous pouvez choisir de désactiver l'utilisateur invité en tant qu'option de connexion. Vous pouvez également définir un contrôle parental et autoriser l'accès des invités à vos dossiers partagés. Si vous décidez de conserver l'utilisateur invité, n'oubliez pas qu'aucun mot de passe n'est requis et que toutes les informations et tous les fichiers créés au cours de cette session sont supprimés lors de la déconnexion.
- En bas de la barre latérale gauche se trouve une autre option, appelée Options de connexion. C'est là que vous trouverez différentes options telles que la connexion automatique, l'affichage des indices de mot de passe et l'affichage des boutons Veille, Arrêt et Redémarrage. Vous pouvez également afficher votre nom complet ou votre nom d'utilisateur en haut à droite de la barre de menu en cochant la case située à côté de Afficher le menu de changement rapide d'utilisateur et en faisant une sélection.

Créer de nouveaux utilisateurs

Vous savez donc comment gérer l'utilisateur principal, mais qu'en est-il de la création d'utilisateurs supplémentaires ? C'est très simple. Il vous suffit de suivre les étapes suivantes (et de vous assurer que vous avez déjà appuyé sur le bouton de verrouillage pour déverrouiller l'option).

1. Cliquez sur le bouton "+".
2. Dans le menu déroulant Nouveau compte, choisissez parmi les options suivantes : Administrateur, Standard, Géré avec contrôle parentalou Partage uniquement.

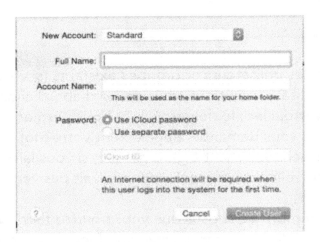

3. Remplissez les champs Nom complet et Nom du compte. Il ne doit pas nécessairement s'agir de noms réels. Mickey Mouse peut avoir un nom d'utilisateur si vous le souhaitez.
4. Vous pouvez choisir de demander au nouvel utilisateur de se connecter en utilisant un compte et un mot de passe iCloud et un mot de passe existants, ou de créer un nouveau mot de passe.

5. Si vous avez sélectionné Utiliser le mot de passe iCloud vous serez invité à saisir l'identifiant iCloud associé.
6. Si vous optez plutôt pour un mot de passe nouvellement créé, il vous sera demandé de le saisir deux fois pour le vérifier.
7. Une fois terminé, cliquez sur le bouton bleu Créer un utilisateur. Si vous avez choisi d'utiliser un iCloud il vous sera demandé de saisir le mot de passe. Si vous avez créé un nouveau mot de passe, vous n'avez rien d'autre à faire.

Suppression Utilisateurs existants

Ce n'est pas parce que vous avez ajouté un utilisateur qu'il y restera pour toujours. Vous pouvez le supprimer à tout moment. Mais n'oubliez pas qu'en les supprimant, vous supprimez tous les paramètres qu'ils ont définis. Ainsi, si vous créez à nouveau cet utilisateur, tout disparaîtra.

1. Pour supprimer des utilisateurs actuels, sélectionnez l'utilisateur que vous souhaitez supprimer.

2. Cet utilisateur étant mis en évidence, cliquez sur le bouton "-".
3. Une invite apparaît, vous demandant si vous êtes vraiment sûr de vouloir supprimer l'utilisateur de l'ordinateur.
4. Vous pouvez également choisir l'une des trois cases d'option suivantes : enregistrer le dossier d'origine, ne pas toucher au dossier d'origine ou supprimer le dossier d'origine.
5. Une fois que vous avez pris votre décision, cliquez sur le bouton bleu Supprimer l'utilisateur pour confirmer votre choix et effectuer les changements.

Création de groupes

Si l'ordinateur est utilisé dans un endroit où il y a des dizaines d'utilisateurs (une salle de classe ou une bibliothèque, par exemple), la création d'un groupe est une bonne option pour vous.

1. En bas de la barre latérale gauche, cliquez sur le bouton "+".
2. Dans le menu déroulant Nouveau, sélectionnez Groupe
3. Dans le champ Nom complet, créez et saisissez un nom pour votre groupe.
4. Cliquez sur le bouton bleu Créer un groupe pour confirmer.
5. Le nouveau groupe sera créé et vous pourrez cocher des cases à côté de chaque utilisateur existant pour désigner ceux qui feront partie de ce groupe. Si vous avez des groupes existants, vous pouvez également sélectionner des groupes entiers pour qu'ils fassent partie d'un autre groupe.

MODE DE JEU

Conçu pour améliorer votre expérience de jeu, le mode Jeu optimise l'utilisation du CPU et du GPU et minimise la latence avec les appareils sans fil tels que les manettes et les AirPods lorsqu'un jeu est lancé.

Qu'est-ce que l'offre de mode de jeu ?

Historiquement, le Mac a été quelque peu mis à l'écart par les joueurs sérieux en raison de son manque de personnalisation matérielle. Cependant, la transition vers le silicium d'Apple a permis d'augmenter les niveaux de performance, en particulier pour les jeux. Game Mode est la réponse d'Apple à cette critique historique. Il vise à renforcer les qualités de jeu du Mac en améliorant les taux de rafraîchissement vidéo et les paramètres graphiques et en réduisant le temps de latence de l'appareil.

Fonctionnement du mode jeu

Le mode Jeu, lorsqu'il est activé, donne la priorité absolue au jeu en cours, reléguant les applications en arrière-plan à une priorité moindre.

Activation et utilisation du mode jeu

L'activation est simple : le mode Jeu se lance automatiquement lorsqu'un jeu est lancé. Une notification et une icône de manette de jeu apparaissent dans la barre de menu pour indiquer son activation. Il est important de noter que le jeu doit être en mode plein écran pour que le mode Jeu fonctionne. Il se met en pause si le jeu est joué dans une fenêtre.

Si vous souhaitez désactiver le mode Jeu, cliquez sur l'icône de la manette de jeu dans la barre de menu ; vous trouverez ici l'option permettant de le désactiver et de le réactiver. Notez que si vous désactivez le mode Jeu et quittez le jeu, vous devrez l'activer manuellement lorsque vous rouvrirez le jeu.

Compatibilité des modes de jeu et paramètres

Le mode jeu est compatible avec n'importe quel jeu, selon Apple.

SNAP THIS

Les captures d'écran sur MacOS ont toujours été assez simples et directes. Shift-Commande-3 pour prendre une capture d'écran de l'ensemble de votre écran et Shift-Commande-4 pour prendre une capture d'écran d'une zone spécifique de votre écran.

Ces commandes fonctionnent toujours, mais Apple est allé encore plus loin en vous permettant de modifier la capture d'écran. Si vous avez pris des captures d'écran sur iOS, l'expérience vous est probablement familière.

Dès que vous effectuez une capture d'écran, une petite fenêtre contextuelle s'affiche en bas à droite de l'écran pour vous indiquer ce que vous pouvez faire ensuite. Ces options vous conduiront à une fenêtre d'annotation où vous pourrez ajouter des annotations, des formes, du texte, etc.

En plus de ces options, MacOS a ajouté une nouvelle commande : Shift-Command-5. Cette commande ouvre une interface de capture d'écran avec plusieurs options telles que capturer tout l'écran, une fenêtre sélectionnée ou une partie sélectionnée. Les deux dernières options sont nouvelles : enregistrer tout l'écran ou enregistrer une partie de l'écran.

POURSUIVRE LA PHOTO LÀ OÙ VOUS L'AVEZ LAISSÉE

L'une des choses qu'Apple a vraiment bien réussies avec ses appareils est la continuité, c'est-à-dire l'idée de s'arrêter sur un appareil et de reprendre là où l'on s'est arrêté sur un autre. Par exemple, vous pouvez arrêter un film dans le salon sur l'Apple TV et continuer à le regarder sur votre Apple TV dans la chambre. Ou vous pouvez recevoir un message sur votre Apple Watch et y répondre sur votre téléphone. Tout cela est très intuitif et fonctionne parfaitement.

Ce concept d'utilisation sur un appareil et de récupération sur un autre s'étend désormais à l'appareil photo. Avec OS Catalina, vous pouvez prendre une photo sur votre iPhone ou votre iPad et l'envoyer automatiquement sur votre Mac et dans l'application de retouche photo de votre choix.

Si l'application Mac prend en charge cette fonctionnalité, vous la trouverez dans le menu Édition ; une nouvelle option intitulée "Insérer à partir de votre iPhone ou iPad" vous permettra de prendre des photos ou de numériser des documents.

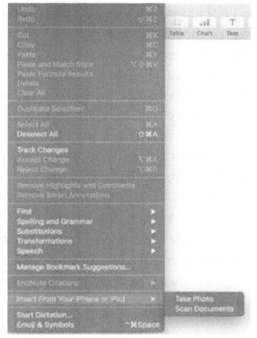

Une fois la photo prise avec votre téléphone ou votre tablette, elle apparaîtra automatiquement dans le document.

CONTRÔLE PARENTAL

Si des enfants utilisent votre ordinateur, Apple propose un contrôle parental pour vous aider à vous assurer que les enfants n'ont pas d'ennuis. C'est une application assez puissante, mais elle a quelques limites. Si vous voulez une protection ultime, il existe des applications payantes comme NetNanny (www.netnanny.com). Le contrôle parental est également utile pour les invités : si cela ne vous dérange pas que des personnes utilisent votre ordinateur, mais que vous ne voulez qu'elles utilisent Internet et qu'elles n'aient accès à rien d'autre, vous pouvez le configurer de cette manière.

Pour utiliser le contrôle parental d'Appled'Apple, assurez-vous d'abord d'avoir créé un compte utilisateur pour votre enfant. Allez ensuite dans Préférences Système et Contrôle parental.

Si le cadenas situé dans le coin inférieur gauche est verrouillé, cliquez dessus pour le déverrouiller et saisissez votre mot de passe.

Vous pouvez désormais mettre en place un contrôle parental pour chaque enfant utilisateur. Vous pouvez le rendre aussi restrictif que vous le souhaitez. Le premier onglet vous permet de choisir les applications qu'ils peuvent utiliser. Vous pouvez par exemple bloquer toutes les applications, à l'exception des jeux. L'onglet suivant vous permet de contrôler l'utilisation du web. Par défaut, Apple tente de filtrer les contenus pour adultes. S'il s'agit d'un jeune enfant, il est préférable de choisir les pages web auxquelles il peut accéder. Vous pouvez, par exemple, bloquer tous les sites Internet à l'exception de Disney. L'onglet suivant est "Personnes". Il vous permet de sélectionner les personnes auxquelles l'enfant peut envoyer des courriels et des messages. Vous pouvez par exemple l'obliger à n'envoyer des courriels qu'à ses parents et à ses grands-parents. L'avant-dernier onglet vous permet de fixer des limites temporelles. Vous pouvez déterminer quand ils utilisent l'ordinateur et pendant combien de temps. Enfin, le dernier onglet vous permet de désactiver la caméra afin d'empêcher les chats vidéo, de masquer les jurons dans le dictionnaire, etc.

SIDECAR

Qu'est-ce que le Sidecar? Il s'agit d'utiliser votre iPad comme second écran à côté de votre Mac.

L'utilisation de l'iPad comme second écran Mac n'est pas une nouveauté. Des applications populaires telles que Duet le font avec succès depuis des années.

Apple a finalement pris note et a décidé de lancer une fonctionnalité appelée Sidecar qui vous permet d'utiliser sans fil votre iPad comme écran secondaire pour votre Mac ;

c'est comme si vous utilisiez AirPlay sur votre téléphone pour afficher YouTube sur votre téléviseur. Finies les applications comme Duet, n'est-ce pas ? Pas tout à fait.

Avant d'expliquer comment utiliser Sidecarlaissez-moi d'abord mentionner ce que Sidecar n'est pas : une application riche et pleine de fonctionnalités professionnelles. Elle ne fait qu'une chose : afficher l'écran de votre Mac sur votre iPad. Les applications comme Duet sont compatibles avec l'iPhone et l'iPad et fonctionnent également avec les systèmes d'exploitation croisés. sur votre iPad. Personnellement, je trouve que Sidecar manque de fonctionnalités tactiles. Je m'attendais à pouvoir toucher l'écran de l'iPad pour lancer des applications et des dossiers. Ce n'était pas le cas. C'était uniquement pour l'affichage... à moins que vous n'ayez un Apple Pencil. Sidecar semble avoir été conçu pour inciter les gens à acheter un Apple Pencil. Avec un Apple Pencil, le toucher devient soudainement possible. Il y a probablement une bonne raison à cela : l'Apple Pencil est plus précis et offre plus de gestes que votre doigt.

Maintenant que vous savez un peu ce qu'il n'est pas, voyons comment il fonctionne.

Tout d'abord, assurez-vous que votre MacBook (oui, ceci n'est compatible qu'avec les MacBooks-désolé les utilisateurs de Windows) est à jour avec le dernier système d'exploitation (Catalina).

Deuxièmement, assurez-vous que votre iPad est allumé, en mode veille et sur le même réseau Wi-Fi (si ce n'est pas le cas, vous ne verrez pas l'étape suivante). (si ce n'est pas le cas, vous ne verrez pas l'étape suivante).

Troisièmement, allez dans le menu en haut à droite de votre MacBook et cliquez sur la case rectangulaire correspondant à AirPlay.

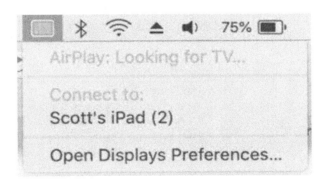

C'est ça ! En quelque sorte. Votre MacBook devrait maintenant s'afficher sur votre iPad. Il ressemblera un peu à ceci :

Qu'est-ce que je veux dire par "en quelque sorte" ? Il y a encore quelques paramètres à connaître. Cliquez à nouveau sur la case AirPlay dans le coin droit et vous verrez encore plus d'options.

Quelles sont ces options ? L'option Utiliser comme écran séparé (par opposition aux deux options Miroir) transforme votre iPad en un second écran, ce qui vous permet d'exécuter une autre application Mac sur votre écran au lieu d'afficher simplement ce qui se trouve sur votre MacBook.. Les deux options Cacher éliminent les boîtes que vous voyez sur votre iPad pour le rendre un peu plus plein écran.

Enfin, Ouvrez Sidecar Préférences vous offre quelques options supplémentaires. Vous pouvez, par exemple, choisir d'afficher la barre de menu à droite plutôt qu'à gauche.

Vous pouvez vous déconnecter de Sidecar en tapant sur la boîte avec la ligne qui la traverse sur votre iPad ou en allant sur le bouton AirPlay sur votre Mac et en vous déconnectant.

VIE PRIVÉE ET SÉCURITÉ

Si votre ordinateur se trouve dans un endroit où d'autres personnes peuvent y accéder, ou si vous êtes simplement préoccupé par la violation de votre vie privée, rendez-vous dans la rubrique Vie privée et Sécurité dans les préférences système.

Créer des mots de passe forts

Un mot de passe fort est la première ligne de défense contre les pirates informatiques potentiels (ou les enfants intelligents !); un mot de passe fort n'est pas quelque chose comme "mot de passe" ; un mot de passe fort contient des lettres, des chiffres et même des symboles. Un mot de passe fort contient des lettres, des chiffres et même des symboles : "@mY_MACb00k".

Vous pouvez utiliser l'Assistant mot de passe pour tester la solidité de votre mot de passe.

Lorsque le Keychain se charge, vous pourrez voir la liste complète des comptes qui sont déjà synchronisés avec le trousseau. Si vous souhaitez modifier le mot de passe d'un compte qui existe déjà, recherchez le compte et double-cliquez dessus. Sinon, cliquez sur le bouton "+" en bas pour ajouter un nouveau compte.

Lorsque la nouvelle fenêtre apparaît, jetez un coup d'œil en bas. Il y aura un champ pour le mot de passe, et à droite de celui-ci se trouvera une petite icône de clé. Cliquez sur l'icône de la clé pour ouvrir l'assistant de mot de passe.

Dans Type, vous pouvez sélectionner Manuel (créez votre propre code), Mémorable, Lettres et chiffres, Chiffres uniquement, Aléatoire et Conforme à la norme FIPS-181.

Les suggestions s'affichent automatiquement et vous pouvez faire défiler plusieurs suggestions différentes à l'aide du menu déroulant.

Ajustez le curseur de longueur pour allonger ou raccourcir le mot de passe. Tout mot de passe que vous créez doit répondre au moins à ces exigences pour être considéré comme équitable.

Au fur et à mesure que vous générez un mot de passe, l'indicateur de qualité change pour vous indiquer le degré de sécurité et de complexité d'un mot de passe donné.

Pare-feu

Une autre ligne de défense que vous pouvez ajouter est un pare-feu, qui vous protège contre les connexions indésirables à des applications logicielles, des sites web ou des fichiers potentiellement malveillants.

Pour activer le pare-feu fourni avec votre Mac, allez dans Préférences Système > Sécurité et Vie privée et sélectionnez l'onglet Pare-feu et sélectionnez l'onglet Pare-feu.

Avant de pouvoir effectuer des modifications, cliquez sur l'icône du cadenas dans le coin inférieur gauche et entrez votre mot de passe d'administrateur pour continuer.

Trouver mon Mac

Tout comme votre iPhone ou votre iPad, Mac est doté d'une fonction pratique appelée "Trouver mon Mac". Mac"qui vous permet de retrouver votre ordinateur si quelqu'un le vole ou si vous l'égarez ; vous pouvez également effacer son disque dur à distance.

Pour activer Find My Macallez dans Préférences Système > iCloud et cochez la case située en regard de Trouver mon Mac. Vos services de localisation doivent également être activés. Pour ce faire, accédez à Préférences Système > Sécurité et Confidentialité > Confidentialité > Services de localisation et assurez-vous que la case Activer les services de localisation est cochée.

Pour suivre votre ordinateur, vous pouvez vous connecter à n'importe quel ordinateur et visiter iCloud.com, entrez vos informations de connexion iCloud et cliquez sur Trouver mon Mac. Tant que le Mac est éveillé et connecté à Internet par Wi-Fi ou Ethernetvous pourrez émettre un son fort, le verrouiller ou l'effacer complètement afin que vos informations privées soient supprimées.

Vie privée

Apple sait que les gens s'inquiètent de la protection de leur vie privée ; la société a intégré de nombreuses fonctions pour vous aider à contrôler ce qui peut être vu (et ce qui ne peut pas l'être).

Vie privée sur Internet

Si vous souhaitez effacer votre historique de recherche et de navigation, il y a deux façons de le faire : soit en cliquant sur Safari > Effacer l'historique et données de site web, soit en cliquant sur Historique > Effacer l'historique et les données de site web. Ces deux options se trouvent dans la barre de menu supérieure. Lorsque la fenêtre s'affiche, vous pouvez choisir jusqu'où vous souhaitez effacer l'historique. Une fois que vous avez fait votre choix, il vous suffit d'appuyer sur le bouton Effacer l'historique pour que les modifications soient définitives.

Les cookies permettent aux sites web de stocker des données et de suivre certaines choses, comme les autres sites web que vous visitez au cours de votre session Internet, ou le type de produits que vous avez tendance à regarder le plus souvent. Ces informations sont principalement utilisées par les annonceurs pour mieux cibler les publicités qui vous sont destinées, mais vous avez toujours la possibilité de les désactiver. Ouvrez Safariallez dans Safari > Préférences, puis sélectionnez l'onglet Confidentialité et sélectionnez l'onglet Confidentialité. Les options relatives aux cookies vont de l'autorisation du stockage de cookies par tous les sites web au blocage de tous les sites web. Vous pouvez également n'autoriser les cookies que pour les sites web les plus fréquemment visités. Si vous préférez ne pas être suivi, cochez la case "Demander aux sites web de ne pas me suivre". Certains sites web ne fonctionneront pas comme vous le souhaitez si vous désactivez cette fonction.

Confidentialité de l'application

L'autre volet de la protection de la vie privée concerne les applications installées. Allez dans Préférences Système > Sécurité et Vie privée et cliquez sur l'onglet Confidentialité. Vous pouvez désactiver les services de localisation en cochant la case située à côté de Activer les services de localisation. Parcourez la barre latérale de gauche et vous pourrez personnaliser les autorisations. Si vous ne voulez pas qu'une application accède à vos contacts ou à vos calendriers, vous pouvez bloquer l'accès de certains ou de tous les programmes à ces informations.

TEMPS D'ÉCRAN

Le temps d'écran vous est peut-être familier. Il est présent sur les iPads et les iPhones depuis un certain temps. Il arrive sur macOS avec la mise à jour Catalina. De quoi s'agit-il ? Il s'agit d'un paramètre de productivité qui vous permet de limiter la durée d'utilisation de certaines applications (les jeux, par exemple). Ce paramètre est hautement personnalisable, ce qui vous permet de ne pas imposer de restrictions à une application comme Word, mais d'en imposer à une autre comme Internet.

Screen Time n'est pas une application au sens traditionnel du terme ; c'est une application qui se trouve dans les paramètres de votre système. Pour l'utiliser, allez dans Préférences Systèmepuis cliquez sur Temps d'écran.

Une nouvelle fenêtre s'ouvre et vous indique combien de temps vous êtes resté sur votre ordinateur.

Vous pouvez définir un code d'accès en cliquant sur options en bas de la fenêtre.

Limites d'applications est l'endroit où vous pouvez commencer à restreindre certaines applications. Cliquez sur le "+" dans cette section.

Sélectionnez ensuite l'application (ou les types d'applications) que vous souhaitez limiter.

En bas de l'écran, vous pouvez indiquer la durée de la limite que vous souhaitez fixer.

Sous Toujours autoriser, vous pouvez sélectionner des applications qui ne sont soumises à aucune restriction.

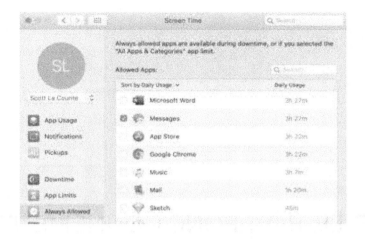

[9]

ASSURER LE BON FONCTIONNEMENT DU SYSTÈME

Les Macs ressemblent davantage à un investissement que les autres ordinateurs ; dans cette optique, il est évident que vous souhaitez protéger et entretenir votre investissement. Dans ce chapitre, nous verrons comment.

LA MACHINE À REMONTER LE TEMPS

Tout le monde craint de perdre ses données ; Apple vous aide avec l'une de ses applications les plus puissantes en coulisses : Time Machine..

Time Machine sauvegardera tous vos fichiers, applications et paramètres avec un minimum de configuration ou de casse-tête. En cas d'événement catastrophique tel qu'une panne de disque dur, une sauvegarde Time Machine peut vous permettre de récupérer rapidement toutes vos données et applications, et même tous vos paramètres (tels que l'arrière-plan de votre bureau et même l'emplacement spécifique des icônes sur votre bureau).

Vous devrez acheter un disque dur externe USB ou Thunderbolt. Il est recommandé d'acheter un disque plus grand que l'espace actuellement utilisé sur votre ordinateur. Par exemple, si vous avez utilisé 100 gigaoctets d'espace sur le disque dur de votre ordinateur, vous devriez acheter un disque dur d'au moins 120 gigaoctets.

Vous pouvez également acheter une Time Machine supplémentaire Airport Capsule qui effectue toutes ces opérations sans fil.

Pour commencer, branchez le disque dur sur votre ordinateur et Time Machine démarre automatiquement. Il vous demandera si vous souhaitez utiliser le disque comme disque de sauvegarde Time Machine. Choisissez Utiliser comme disque de sauvegarde.

Si Time Machine ne démarre pas automatiquement, allez dans Finder > Applications > Machine, et cliquez sur Choisir un disque de sauvegarde. Sélectionnez votre nouveau disque dur.

Après avoir spécifié le lecteur à utiliser pour la sauvegarde, Time Machine commence automatiquement à sauvegarder vos données.

MISES À JOUR DU LOGICIEL

Si vous voulez que votre ordinateur fonctionne correctement, veillez à le mettre à jour régulièrement. Les mises à jour sont gratuites et sont disponibles tous les deux mois. Elles corrigent des bogues mineurs et ajoutent parfois des éléments pour corriger des vulnérabilités qui pourraient rendre votre ordinateur vulnérable aux virus.

Par défaut, MacOS X vous avertit lorsque des mises à jour sont disponibles, et il vous suffit de cliquer sur "Mise à jour"et d'entrer votre mot de passe pour lancer les mises à jour. Parfois, dans le cas de mises à jour importantes, vous devrez redémarrer votre ordinateur pour terminer la mise à jour. Vous pouvez cliquer sur "Pas maintenant" si vous souhaitez reporter les mises à jour à un moment plus opportun.

INDEX

A PROPOS DE L'AUTEUR

Scott La Counte est bibliothécaire et écrivain. Son premier livre, *Quiet, Please : Dispatches from a Public Librarian* (Da Capo 2008) a été le choix du rédacteur en chef du Chicago Tribune et un titre découverte du Los Angeles Times ; en 2011, il a publié le livre YA *The N00b Warriors*, qui est devenu un best-seller n°1 sur Amazon ; son livre le plus récent s'intitule *Consider the Ostrich*.

Il a rédigé des dizaines de guides pratiques sur les produits technologiques, qui sont des best-sellers.

Vous pouvez le contacter à l'adresse ScottDouglas.org.

Printed by BoD™in Norderstedt, Germany